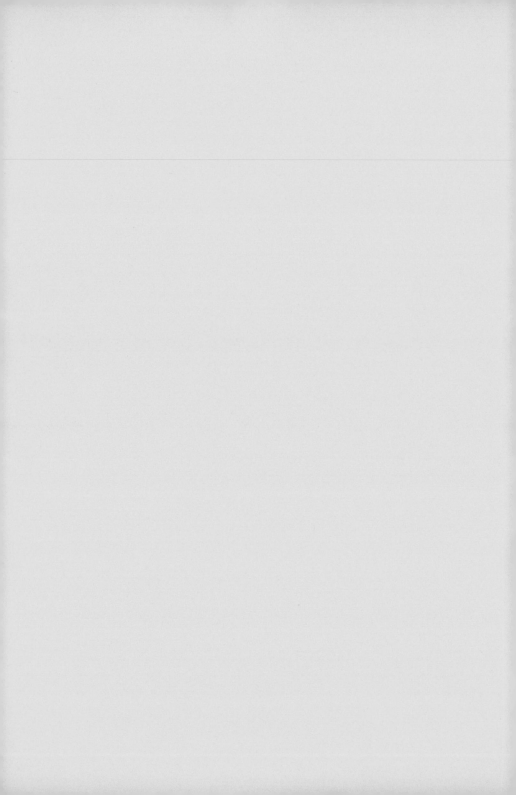

화를 다스리면 인생이 변한다

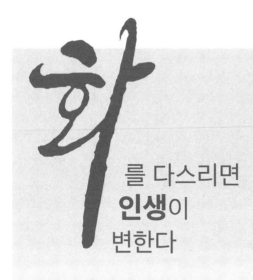

화를 다스리면 인생이 변한다

알루보물레 스마나사라 지음

강성욱 번역

장운갑 편역

경성라인

CONTENTS

2장 화의 모습

3장 인격을 완성시키는 인생론

4장   행복의 길

화(怒)를 내지 않는 것은 인생을 행복하게 사는 데 빼놓을 수 없는 중요한 마음가짐입니다. 그러나 '화내는 것은 좋지 않으니 화내지 말자.' 라고 머릿속으로 생각해도 실제는 그렇게 되지 않습니다. '화를 내는 것' 은 대단히 심각한 문제입니다.

이 책에서 이야기하려는 것은 '화를 내지 않는 것' 은 사람이 평생 삶의 목표로 삼을 만큼 가치 있는 테마라고 하는 사실입니다. 화를 내지 않기 위해서는 큰 용기가 필요합니다. 변변치 못한 인격은 도저히 불가능한 일이자 마음을 성장시키는 일입니다. 그 여정을 계단을 오르는 것처럼 한 발 한 발 실천해 간다면 인생은 반드시 행복해집니다. '화내지 않는 일' 에 성공했을 때, 인간은 행복해질 수 있습니다. 기왕 인간으로 태어나서 살아간다면 '행복'이라는 중요한 '일'을 완수하는 것이 좋지 않을까요?

세상은 이상하게도 '화내는 것은 좋지 않다.'라는 말과는 정반대입니다. '화(怒)는 악(惡)'이라는 사실을 알지 못합니다. 현실에서는 '막상 나쁜 일이 닥치면 화를 내도 어쩔 수 없다. 그렇게 해결되는 경우도 있다.'라는 생각이 일반적입니다.

그러나 마음의 과학인 불교의 입장은 '어떤 화일지라도 화로 인한 행위의 결과는 반드시 불행해진다.'는 사실을 알고 있습니다.

화는 맹독입니다. 불교에서는 '병(病)'이라는 말을 사용합니다. 마음이 화에 물들면 인간의 성장은 멈춰버립니다. 화에는 한층 깊은 마음의 진리, 생명의 진리가 감춰져 있습니다. 생명의 근본적인 문제와 관련된 것입니다. 석가는 생명에게 있어 근본적인 화의 마음을 치유하는 의사입니다.

화는 지혜와 이해로 극복하는 것이지 인내하고 억제하는 것이 아닙니다. 화를 극복한다는 것은 행복해지는 과정이자 인간이 성장할 수 있는 과정입니다. 그것을 한 발 한 발 밟아나가는 과정입니다. 시험 삼아 해본다고 해도 아무것도 손해 볼 것이 없습니다. 인생을 건다는 기분으로, 마음을 여유롭게 가지고 긴 안목으로 임하기를 바랍니다.

1장

화는 생명의 근원에 있는 감정

생명은 선천적으로 화를 낸다

인간에게는 희망이라는 것이 있습니다. 따라서 대부분의 사람들은 언제나 밝고 웃으면서 살아갈 수 있기를 바랍니다.

화를 내면 좋지 않다는 것을 알고 있는 사람도 많습니다. 그러나 그런 사람이 실제로 화를 내지 않는가 하면 절대 그렇지 않습니다.

누구나 어떤 불쾌한 일이 생기면 감정이 격해져서 화를 내게 됩니다.

'나는 이제 절대로 두 번 다시 화를 내지 않겠다.' 라고 마음먹어도 결국, 어떤 일이 생기면 화에 지고 맙니다.

우리는 '밝게 살고 싶다.' 라는 희망을 갖고 있지만 결국에는 화를 내게 됩니다. 아무리 마음을 굳게 먹어도 화를 내게 됩니다.

도대체 무엇 때문일까요?

지금 그 답을 미리 말하겠습니다. 왜냐하면, 생명은 선천적으로 화를 내기 때문입니다. 살아 있는 한 인간은 화를 내기 마련입니다.

(아무리 마음을 굳게 먹어도 화를 내는 까닭은 생명은 선천적으로 화를 내기 때문이다.

2
선천적으로 밝은 사람

    세상에는 선천적으로 성격이 밝은 사람이 있습니다. 마치 화
와는 무관한 듯한 사람입니다. 항상 웃음을 띠고 곤란한 일이
생겨도 '뭐, 다 그런 거지.'라는 느낌으로 그다지 연연하지 않
고, 매사에 신경을 쓰지 않고 살아갑니다.

    그런 사람을 흔히 '돌부처 같은 사람'이라고 표현하기도 합
니다.

    그럼 그런 사람에게는 화가 없는 것일까요?

    그렇지 않습니다. 그런 사람에게는 눈에 보이는, 알아보기
쉬운 화가 없을 뿐입니다. 대인관계 문제 등, 대부분의 일에는
화를 내지 않지만, 사실 그런 사람의 마음속에도 화가 소용돌이
치고 있습니다. 이상하게 들리겠지만 사실입니다.

매사에 신경을 쓰지 않고 살아가는 사람도 사실 그런 사람의 마음속에는 화가 소용돌이치고 있다.

3
화의 기원

※

생명에는 반드시 화가 있습니다. 유감스럽지만 예외는 없습니다. 잘 납득할 수 없을 것입니다. 왜 생명은 화를 내게 되는 것일까요. 그 구조를 설명하겠습니다. 이른바 '화의 기원'입니다. 화가 나는 데에는 분명한 발생 원인이 있습니다. 그것은 '무상'이라는 것입니다. 부처의 가장 근본적인 발견이 무상입니다. 이 무상이 바로 화의 원인입니다.

우리는 무상이라는 말을 정서적, 감상적으로 받아들여 이해합니다. 하지만 무상의 진정한 뜻은 '만물은 순간순간 변화하고 생멸한다.'입니다. 자신도 세상도 절대로 한순간도 똑같지 않습니다.

무상이란 일체 만물의 진리입니다. 나와 타인과 환경과 세계, 그리고 우주, 이 모든 것은 무상입니다. 즉 끊임없이 변하고 있습니다. 그리고 이 '끝없이 변하는 것'이 화를 잉태하는 원인입니다.

　일체의 만물은 무상이자, '무상이 화의 기원이다.' 라고 하면 만물이 화로 통하고 있는 것처럼 들릴지 모릅니다. 하지만 바로 그대로입니다. 분명하게 말하면 사실 생명은 기본적으로 화의 충동으로 살아가고 있습니다.

　화의 충동으로 살아간다는 것은 좋다거나 나쁘다고 말할 수 있는 성질의 것이 아닙니다. 우리들의 생명은 그렇게 구성되어 있다는 것입니다.

(무상이란 일체 만물의 진리이며, 이 '끝없이 변하는 것'
이 화를 잉태하는 원인이다.

4
'기분이 좋다'란 어떤 것일까?

❋

무상이 왜 화의 원인이 되는 것일까요? 이 사실을 이해하기 위해 화의 반대 상태를 생각해보겠습니다.

'좋은 기분'을 예를 들어 생각해봅니다.

우리는 어떨 때 기분이 좋습니까? 날씨가 좋을 때, 기쁜 소식을 들었을 때, 좋은 선물을 받았을 때, 갖고 싶었던 물건을 손에 넣었을 때, 짝사랑과 사랑이 이루어졌을 때, 등과 같이 여러 일을 떠올릴 수 있습니다. 그런데 그런 상태는 어떤 상태일까요?

잠깐 분석해보십시오. 어떤 조건에 의해 기분이 좋아지고 있는 상태가 아닐까요?

즉 좋은 소식, 원하던 물건을 가지게 되는 때와 같은 어떤 조건에 의해 우리의 기분이 좋아진 것입니다. 여기서 '무상'이 등장합니다. 좋은 기분의 원인이 된 조건은 금방 변합니다. 한순간이라도 똑같은 조건으로 있지 못합니다. 그때 우리는 어떻게 생각할까요?

　자신을 예로 들어 생각해보십시오.

　좋은 소식, 원하던 물건을 가지게 되는 때와 같은 어떤
조건에 의해 우리의 기분이 좋아진다.

5
'희망' 과 '거부반응'

＊

또 한 가지, 화의 반대 경우를 생각해보도록 하겠습니다. '희망' 입니다.

인간은 희망을 대단히 좋아합니다. '매일, 언제나, 밝게 생활하고 싶다.' 라고 생각합니다. 이것은 '희망' 입니다.

그러나 현실은 그렇지 않습니다. 모든 것이 '무상' 이기 때문에 우리는 일어나는 일을 관리할 수 없습니다.

예를 들어 '오늘은 꼭 종일 웃는 얼굴로 지내야지.' 라고 결심해도 어떻게 될지 알 수 없습니다. 누구를 만나게 될지 알 수 없고, 갑자기 싫어하는 직장 상사가 자신에게 소리를 칠 수도 있습니다. 어떤 문제에 휩쓸리게 될지 알 수 없습니다.

즉 자신만의 노력으로 그것을 달성하기란 불가능합니다.

우리는 계속 환경에 접하여 생활하지 않으면 안 되며, 또한 그 환경을 자신이 관리할 수 없기 때문입니다.

반대로 '계속 침울한 기분으로 지내야지.' 라고 생각해도 자신도 모르게 웃게 될지도 모릅니다. 앞으로 우리가 어떤 환경에 처할지 한 치 앞도 알 수 없습니다. 알 수 없는 미래의 일은 준비도 할 수 없습니다. 웃는 얼굴로 있어도, 침울한 얼굴로 있어도, 환경에 의해 한 치 앞을 가늠할 수 없으며 어떻게 될지도 모릅니다. 절대로 자신의 희망대로는 되지 않는 것입니다.

환경이 자신의 계획이나 희망과 다른 경우는 환경에 저항하는 마음, 거부반응이 생깁니다. 그 거부반응이 바로 '화' 입니다.

'매일, 언제나, 밝게 생활하고 싶다.' 라고 생각하지만, 이것은 '희망' 일 뿐이며 현실은 그렇지 않다. 모든 것이 '무상' 이기 때문에 우리는 일어나는 일을 관리할 수 없다.

6
희망과 현실

✳

　우리의 인생은 일방적으로 쇠퇴해갈 뿐입니다. 우리의 몸은 어제보다 오늘 쇠약해져 있습니다. 날마다 늙어갑니다. 우리는 그것을 인정하고 싶지 않은 것입니다. 어제보다 오늘, 능력과 체력이 있다고 생각하고 싶어 합니다.

　우리는 이것저것 계획하지만, 그것은 '매일, 성장한다.' 라는 방향으로 생각하는 것입니다. 그런 프로그램을 짜는 것입니다.

　그러나 현실은 다릅니다. 매일매일 하강 곡선을 그립니다. 완전히 상반된 희망과 현실입니다. 이 간극이 클수록 '화' 가 강해집니다.

　예를 들어 '늘 젊음을 유지하고 싶다.' 라는 희망이 강하면 강할수록 자신에 대한 콤플렉스나 혐오감이 증폭됩니다.

　반대로 '어차피 나이는 먹기 마련이야.' 라고 생각하면 주름이 조금 생기거나 허리가 아파도 '그래서, 뭐? 당연한 일이잖아.' 라는 식으로 넘길 수 있습니다.

'늘 젊어지고 싶다.' 라는 희망이 없으면 희망과 현실의 간극이 없어서 화를 내지 않고 지나가는 것입니다.

화의 범인은 '무상' 입니다. '계속 젊어지고 싶다.' 라고 생각해도, 끊임없이 변해갑니다. 이 사실은 어쩔 수 없습니다.

마음의 과학인 불교로서 분석하면, 우리의 마음 깊은 곳에서 작용하고 있는 심리적인 어프로치가 화를 만들어낸다고 할 수 있습니다. 따라서 화를 치료하기 위해서는 가벼운 처방으로는 치유할 수 없습니다. 정밀한 수술이 필요합니다.

(화의 범인은 '무상' 이다. '계속 젊어지고 싶다.' 라고 생각해도, 끊임없이 변해간다. 이 사실은 어쩔 수 없다.

7
생명의 정의

먼저 '생명이란 무엇인가.', '산다는 것은 무엇인가.' 라는 본질적인 문제에 대해서 생각해보겠습니다.

우리는 '산다.' 라는 문제를 육체를 중심으로 생각합니다.

불교에서는 육체를 '물체', '물질' 이라고 여깁니다.

그런데 책상도 물체이며 물질일까요? 책상과 인간의 육체의 차이는 무엇일까요?

바로 '감각이 있는가, 없는가.' 입니다.

자신이라고 말하는 육체라는 물체에는 감각이 있습니다. 책상에는 감각이 없습니다. 이처럼 생명과 물질은 '느끼는가, 아닌가' 로 구별합니다. 느낀다면 그것은 생명입니다.

기계에도 빛이나 소리에 반응하는 센서가 있지만, 그것은 느끼는 것이 아닙니다. 단지 프로세스입니다.

'여기에 빛이 닿으면 전기신호를 보내서 계산하는……' 것처

럼 프로그래밍 되어 있을 뿐, 감각을 지닌 것이 아닙니다. 그러
나 생물에는 감각이 있습니다.

생명과 물질은 '느끼는가, 아닌가' 로 구별한다. 느낀다
면 그것은 바로 생명이다.

8
인류는 '생명'을 오해하고 있다

✳

'생명은 무엇인가.'라는 물음에 대한 정의는 '감각이 있는 것'입니다.

세상에는 특히 종교의 세계에서는 '혼'이나 '영혼'과 같은 잘 이해할 수 없는 단어를 많이 쓰는데 이는 객관적으로 말하면 물체의 속에 있는 '감각'을 가리킵니다.

종교인들은 그것을 신비스럽게 포장해서 말하는 것일 뿐, 과학적으로 발견하려거나 냉정하게 보려 하지 않습니다. '종교는 신비적이지 않으면 안 된다.'라는 석기시대로부터의 전통적인 오해입니다. 인류가 신앙을 갖기 시작한 때부터 현재에 이르기까지 그 오해는 계속되고 있습니다. 덕분에 '생명'의 의미를 전혀 알 수 없게 되었습니다.

불교에서는 진리를 과학적, 윤리적으로 증명합니다. 정확한 증거를 갖추고 책상과 자신의 차이를 분석하고 '생명이란 감각이 있는 것'이라고 분명하게 구분합니다.

　그럼 자신 이외의 물체에 감각이 있는지, 없는지, 어떻게 알 수 있을까요? 의자나 책상에 감각이 없다는 사실을 어떻게 알 수 있을까요?

　간단하게 알 수 있습니다. 실험을 하나 해보겠습니다. 실험은 구체적으로 실행하지 않고 추측이나 이미지만으로도 좋습니다. 누군가에게 있는 힘껏 자신을 때려달라고 부탁하십시오. 그리고 같은 힘으로 의자나 책상을 때리도록 부탁하십시오. 이제 그 결과를 관찰합니다.

　다음과 같은 데이터가 나올 것입니다. 먼저 자신의 경우입니다. 사실 부탁은 했지만, 자신은 맞고 싶지 않습니다. 맞으면 아픔을 느끼거나 상처를 입거나 합니다. 상처를 입은 경우는 치료해서 낫게 합니다. 이때 만약 치료하지 않아도 몸은 저절로 낫습니다.

　그런데 의자는 어떻습니까? 의자는 맞으면 때리는 힘으로 넘어지거나 부서집니다. 하지만 의자는 물리법칙 이외의 반응은 하지 않습니다. 부서지면 부서진 채로 고치려고 하는 행동은 전혀 하지 않습니다.

　이런 사실에서 결론을 얻을 수 있습니다. 감각이 있는 자신에게는 회복하는 기능이 있지만, 감각이 없는 의자에는 그 기능이 없습니다. 의자를 고치는 경우는 감각이 있는 인간이 그것을 실행하지 않으면 안 됩니다.

종교의 세계에서는 '혼' 이나 '영혼' 과 같은 잘 이해할 수 없는 단어를 많이 쓰는데 이는 객관적으로 말하면 물체의 속에 있는 '감각' 을 가리킨다.

9
물질은 자신을 고치지 못한다

✳

모든 생명에게 이 행동은 공통되어 있습니다. 밥을 먹거나 호흡을 하거나, 운동해서 우리는 이상이 생긴 몸이라는 물체를 회복하고 있습니다. 그에 비해 물질은 자연법칙에 의해 변해갈 뿐입니다.

철로 무언가를 만들었다고 합시다. 반짝반짝 빛나고 아름답습니다. 그러나 철은 녹이 습니다. 광택도 사라집니다. 그뿐 아니라 약해져서 부서지기도 합니다. 그러나 이 철로 만든 물건에서는 자신 스스로 녹을 제거해서 항상 반짝이는 상태를 유지해야지, 하는 움직임은 찾아볼 수 없습니다.

우리에게는 그런 움직임(행동)이 있습니다. 더러워진 몸을 씻고, 병에 걸리면 치료하고, 힘이 없으면 밥을 먹는 것과 같은 여러 가지 움직임을 합니다.

그 행위는 자신에게 감각이 있으므로 실행하는 것입니다. 밥을 먹는 것과 같은 의식적인 회복작업이 있는가 하면, 병에 걸렸을 때도 자연히 낫거나, 수면 중에 체력이 회복하는 등의 무의식적으로 행하는 회복작업도 있습니다. 물질의 세계에서는 이러한 움직임을 찾아볼 수 없습니다. 따라서 추측을 하면 '물질에는 감각이 없다.' 라는 결론을 얻게 됩니다.

더러워진 몸을 씻고, 병에 걸리면 치료하고, 힘이 없으면 밥을 먹는 것과 같은 여러 가지 움직임을 하는 이러한 행위는 자신에게 감각이 있으므로 실행하는 것이다. 그러나 물질의 세계에서는 이러한 움직임을 찾아볼 수 없다.

10
감각의 본질

　다음은 감각의 본질은 무엇인가에 대해 생각해보겠습니다. 잠깐 실험을 해보겠습니다. 태어나면서부터 죽을 때까지 우리는 호흡을 합니다. 잠깐 숨을 내쉰 다음 2분 정도 멈춰보십시오. 실제로 해보시기 바랍니다. 숨을 멈추고 계속 그대로 있으면 감각이 점점 변하지 않습니까? 그 감각이 무엇인지 경험해보는 것입니다. 급격히 괴롭지 않습니까?

　반대로 숨을 들이마신 다음 멈추면 편안할까요? 확실히 숨을 내쉬었을 때보다는 오래 견딜 수 있지만, 기껏해야 3분 정도가 아닐까요? 그러나 한계까지 참으면 숨을 내쉬었을 때와 같은 경험을 합니다. 몸이 불에 덴 것처럼 극심한 고통을 느낍니다.

　석가는 고행 중에 이 실험을 했습니다. 숨을 들이쉬고 나서 멈추고, 쓰러질 때까지 참았습니다. 그리고 다시 숨을 내쉬고 쓰러질 때까지 숨을 멈추고…… 이것을 계속 반복해서 실험했습니다.

그렇게 하면 생명이 왜 필사적으로 호흡을 하는지 알 수 있습니다. 산소가 필요하기 때문이 아닙니다. 호흡하지 않으면 극심한 고통이 찾아와 견딜 수 없기 때문입니다.

생명은 호흡하지 않으면 극심한 고통이 찾아와 견딜 수 없으므로 필사적으로 호흡을 하는 것이다.

11
감각은 '고'

✳

자세도 마찬가지입니다.

예를 들어 어떤 사람이 계속 서 있다가 얼마 후에 앉았다고 합시다. 그때 '왜 앉았습니까?' 하고 물어보면 '피곤해서요.' 라고 말할지도 모릅니다. 앉아 있을 때는 '편하다.' 라고 생각할지 모릅니다. 그러나 그대로 계속 의자에 앉아 있으면 어떻게 될까요? 역시 고통이 찾아옵니다.

서 있어도 고통입니다. 앉아 있어도 고통입니다. 잠깐 달리는 것도, 계속 달리는 것도 고통입니다. 피곤해서 잠을 자도 너무 많이 자면 또한 고통입니다. 식사도 마찬가지입니다. 조금 배가 고프면 '공복' 이라는 고통을 느낍니다. 그런데 밥을 너무 많이 먹으면 배가 불러서 고통입니다. 분명해졌습니다. 감각은 '고(苦)' 인 것입니다.

'고'가 사라지는 순간은 없다

산다는 것은 '감각이 있는 것', 그리고 그 감각은 '고'입니다. 또한, 그 '고'가 사라지는 순간은 없습니다. 단지 변할 뿐입니다.

예를 들어 1시간 정도 앉아 있으면 허리가 아픕니다. 그래서 일어서면 일어선 순간은 '아, 편하다.'라고 생각할지 모르지만, 실제로 생긴 것은 '앉아 있는 고'에서 '서 있는 고'로의 변화입니다. 한순간 그때까지의 '앉아 있는 고'가 사라졌으니 행복하게 느낄지도 모르지만, 그것은 착각입니다. 단지 새로운 '고'로 갈아탄 것일 뿐입니다.

'고'를 인식할 때

우리는 항상 '고'의 한가운데에 있습니다. 하지만 평소에는 '고'를 느끼고 있는 것을 깨닫지 못합니다. '너무 괴롭다.'는 감각이 생기고서야 비로소 고통을 느끼게 됩니다.

예를 들어 배가 고파도 아주 조금의 공복이라면 신경을 쓰지 않습니다. 계속 방치해서 지금 당장이라도 쓰러질 것 같거나, 굶어 죽기 직전의 상태가 되면 큰 고통을 느낍니다.

우리에게 찾아오는 끊임없는 '고'는 어느 정도 커지지 않으면 깨닫지 못할 뿐입니다. '고'의 레벨을 표시하는 미터기가 있고, 거기에 고를 인식하는 빨간 표시선이 달린 것과 같은 원리입니다. 끝없는 '고'가 어느 정도 커지고 빨간 선보다 위로 올라갔을 때 비로소 깨닫는, 그때까지는 깨닫지 못하는 이치입니다. 실제는 '고'의 미터가 제로가 되는 일은 없습니다.

예를 들어 통증이라면 '통증'의 '고'가 빨간 선을 넘으면 약을 먹거나, 의사에게 가거나, 어떻게든 하려고 합니다. 우리는 언제라도 '고'를 빨간 선 밑으로 유지하려고 하는 것뿐입니다.

'희망'과 '고'의 상관관계

이 빨간 선의 레벨은 앞에서 말한 '희망'의 강도로 설정됩니다.

일의 경우를 보더라도, '일은 당연히 괴로운 것이다.'라고 생각하는 사람은 힘든 일에도 그다지 화를 내지 않습니다.

하지만 '아기는 귀엽고 말을 잘 들어야 한다.' 또는 '일이 편하고, 편하게 사는 것이 좋다.'라는 생각을 하고 있으면, 그것을 기대하는 '편안함'의 레벨이 너무 높아지고, 당연히 현실과의 간극은 크게 벌어집니다.

'고'를 느끼는 빨간 선을 쉽게 넘어버립니다. 그래서 화를 내고 실패합니다. 양육이나 공부도 마찬가지입니다. '희망'이 크면 클수록 화를 내고 실패하기 쉽습니다.

끝없는 '고' = 끝없는 '화'

여기에서 "산다는 것은 고다."라고 하는 부처가 발견한 첫 번째 진리가 등장합니다. 살아가게 되어 있는 생명은 '고' 입니다. 그리고 생명은 '고'가 싫습니다. 만약 '고'를 좋아한다면 호흡을 하지 않을 것입니다. 혹은 숨을 멈추면 '고'가 생긴다고 하면 기꺼이 숨을 멈출 것입니다. 하지만 그렇게 하지 않습니다.

무상이자 끊임없이 변화하는 '고'가 계속 이어집니다. 그리고 '고는 싫다.'라고 생각합니다. 그래서 우리는 살아 있는 것입니다.

'화' 없이는 살 수 없다

우리는 '고는 싫다.'라고 생각합니다. 그리고 '고가 싫으니 이렇게 하자.'라는 희망으로 잠을 자거나 일어나며, 일하거나 운동을 하며, 밥을 먹고 다른 사람과 대화를 합니다. 산다고 하는 행위는, 모든 것이 '고'와 '고는 싫다.'라고 하는 작용으로 성립된 것입니다.

평소에 무상으로 끝없이 변화하는 '고'라는 감각이 있고, 그 '고'의 감각이 싫어서 '바꾸지 않으면 안 된다.'고 하는 희망이 있습니다. 이 두 개의 움직임이 '사는 것'입니다.

만일 '고가 즐겁다.'라고 생각한다면 죽어버립니다. 그래서 '고는 싫다.'라고 생각하지 않으면 살아갈 수 없습니다. 이 '싫다.'라는 반응이 '화'입니다. 이것이 가장 기본적인 화의 포인트입니다.

즉 '화를 갖지 않고서는 살아갈 수 없다.'라는 말입니다. 사람은, 생명은 '화'를 품고 있습니다. 산다는 것은 이처럼 기본적으로 화를 내게 되는 구조로 이루어져 있습니다.

화의 기원에 도전한다

'생명에는 화를 내지 않고는 견딜 수 없는 법칙이 있다.'라는 사실은 부처 이외에는 아무도 발견한 사람이 없지만, 논리적으로 생각하면 당연한 말입니다.

이 책은 '화를 내지 않고 사는 것에 도전하자.'라고 주장하고 있습니다. 처음에 '화를 내지 않는 사람은 인생의 목표로 삼을 만한 큰 과제'라고 했습니다만, '화를 내지 않는 것'에 대한 도전은 생명 메커니즘까지를 이해하고 실천하는 큰일입니다. 그만큼 가치가 있는 일입니다.

산다는 것은 '감각이 있는 것', 그리고 그 감각은 '고'
다. 또한, 그 '고' 가 사라지는 순간은 없다. 단지 변할 뿐
이다.

12
'산다는 것은 고'라는 발견

✳

　생명은 '고를 싫어하기 때문에 없애고 싶다.'는 희망을 갖고 살아갑니다. 그런데 여기에서 큰 문제에 부딪히게 됩니다. 그것은 어느 누구도 '산다는 것은 고(苦)'라는 사실을 발견하지 못한다는 점입니다. '산다는 것은 고'라는 발견 없이, 모두 '싫다.'라는 실감만 가지고 있을 뿐입니다.

　배가 고프면 '싫다.'라고 생각합니다. 아기가 가장 알기 쉽습니다. 배가 고프면 '싫어서' 울음을 터트립니다. 혹은 조금만 피곤해도 '싫어서' 울어버립니다. 모르는 사람을 봐도 '싫어서' 울어버립니다.

　즉 우리는 '싫다.'라는 마음만을 가지고 태어나서 그것으로 살아가고 있지만, '산다는 것은 고다.'라는 진리는 누구도 발견하지 못합니다. 설명해도 어른조차 이해하지 못합니다. 그것은 '인정하고 싶지 않기 때문'입니다. 이는 근본적인 무명(無明)과

무지(無知) 때문에 그렇습니다.

'감각은 고.' 라는 것은 엄연한 사실입니다. 지적을 받으면 '아, 그렇군.' 이라고 납득할 수 있는 이야기입니다. 호흡을 멈추는 실험을 하면 바로 알 수 있습니다. 그러나 생명은 그 명백한 실험 결과를 인정하려고 하지 않습니다.

> 우리는 '싫다.' 라는 마음만을 가지고 태어나서 그것으로 살아가고 있지만, '산다는 것은 고다.' 라는 진리는 누구도 발견하지 못한다.

13
'행복', '운수', '즐거움'은 망상 개념

✳

　불교를 알게 되면 '감각은 고(苦).', '산다는 것은 고.'라는 진리를 알게 되지만, 학교 공부나 철학이나 종교만을 공부해서는 그 진리를 배울 수 없습니다. 그래서 '산다는 것은 고.'라는 근본을 모른 채, 유일하게 '싫다.'라는 사실만을 실감하고 살아갑니다.

　'싫다.'라는 사실은 늘 실감하고 있지 않습니까?

　학교에 가기 싫다, 공부하기 싫다, 괴롭힘당하기 싫다, 엄마가 만들어준 도시락은 싫다……. 이 '싫다.'라고 하는 반응이 화입니다.

　그리고 이 화를 이용해서 자신 나름대로 행복, 운수, 즐거움과 같은 망상 개념을 만들게 됩니다.

　사실 '행복', '운수', '즐거움'은 망상 개념입니다. 왜냐하면 '산다는 것은 고'이기 때문에 '행복', '운수', '즐거움'은 진짜로 경험한 적이 없는 것입니다.

우리는 배가 고프면 괴로워서 '싫다.'라고 생각합니다. 그때 맛있는 음식을 먹는 게 행복이라고 생각해서 음식에 집착합니다. 또는 아이들은 좋아하는 만화나 게임을 사면 행복하다고 생각합니다. 어른이 되어서도 마찬가지입니다.

'돈이 곧 행복이다. 명예야말로 행복이다. 어떤 기록을 세우는 것이 행복이다. 인기가 있는 것, 유명해지는 것이 행복이다. 권력에 행복이 있다. 아름답게 보이는 것이 행복이다······.' 등 예를 들자면 끝이 없습니다.

부처는 이런 삶의 방식을 "지혜 없는 세상이 찾아 헤매는 길이다."라고 설교합니다. '이것이 있으면 행복'이라는 생각은 전부 '싫다.'라는 마음에서 출발하고 있습니다.

'행복', '운수', '즐거움'은 망상 개념이다. 왜냐하면 '산다는 것은 고'이기 때문에 '행복', '운수', '즐거움'은 진짜로 경험한 적이 없는 것이다.

행복에 대한 오해

＊

'산다는 것은 고(苦)'이며 사람은 '고'에서 다른 '고'로 갈아
타는 것뿐입니다. 한 번도 행복한 적은 없습니다. 경험하지 못
한 '행복'을 이미지 하기란 불가능합니다. 따라서 행복에 대해
오해를 하고 찾아 헤매는 것입니다.

'싫다.'라는 화로 인해 자신이 멋대로 '행복'이라고 생각하
는 것을 원합니다. 결국, 어떻게 되는가 하면, 행복해지기는커
녕 괴로움만 늘어날 뿐입니다.

정말 원하는 것을 얻으면 행복해져야 하는데, 세속의 행복을
갈구할수록 점점 괴로움이 늘어나게 됩니다.

가난한 사람이 점점 돈을 벌게 되면 즐거움이 아닌 근심만
늘어갑니다. 사회를 보더라도 우리는 과학의 발전으로 인해 생
활이 편리해지고 쾌적해졌다고 생각하지만, 실제는 삶을 한층
괴롭게 만들 뿐입니다.

한 예를 들어보겠습니다.

양파 등을 순식간에 썰 수 있고 마늘은 30초 만에 찧을 수 있는 편리한 도구가 있습니다. '정말 편리하다.' 라고 생각들 합니다. 하지만 실생활에서 사용해보면 양파는 도마에서 부엌칼로 잘게 써는 게, 마늘은 강판으로 다지는 편이 간단합니다.

왜냐하면, 그 편리한 도구는 상당한 수고가 필요합니다. 먼저 기계를 꺼내서 전원을 켜고, 재료를 넣은 다음 버튼을 누르고 돌려야 합니다. 순식간에 되지만 내용물을 꺼내면 기구를 씻어서 말린 후 보관함에 따로 넣어야 합니다. 그 시간과 수고를 생각하면 도마와 부엌칼, 강판이 오히려 편리합니다.

어쩌면 도마와 부엌칼로는 재료를 고르게 썰 수 없을지 모릅니다. 하지만 단지 불안감은 그것뿐입니다. 그 불안을 없애기 위해 훨씬 많은 시간과 수고와 돈이 필요합니다. 먼저 그 기계를 사야 하고, 고장이 나면 고쳐야 하며, 부품을 교환하는 등의 비용이 들지도 모릅니다. 필요 없어지면 처분하는 데 비용도 듭니다. 지출은 점점 늘어납니다.

이처럼 인간의 편의를 위해 만든 기계지만 실제로 사용해보면 '고'가 늘어날 뿐. 현대사회는 이와 같은 모순이 곳곳에서 일어나고 있습니다.

고속열차나 비행기, 배와 같은 교통수단도 시간과 수고를 덜기 위해 만들어진 것이지만 '빨리 갈 수 있다.' 라는 편리함 이외에는 너무 많은 시간과 수고가 들어가고 번거롭습니다. 결국,

괴로움이 늘어난 것뿐입니다. 또한, 우리가 '깨닫지 못하는 어리석음'도 있습니다.

　즉 세상은 "괴로움을 싫어함에도, 어찌 그 괴로움의 길을 찾고 있는가."라는 모순된 길로 질주하고 있습니다.

'싫다.' 라는 화로 인해 자신이 멋대로 '행복' 이라고 생각하는 것을 원한다. 그러나 정말 원하는 것을 얻으면 행복해져야 하는데, 세속의 행복을 갈구할수록 점점 괴로움이 늘어나게 된다.

15
목적에 이르러도 '고'

✴

    '이건 싫다.', '이렇게 되면 좋을 텐데.' 라고 하는 바람에서 시작해서, 비록 목적을 이루었다 해도 새로운 괴로움이 생깁니다.

    예를 들어 그토록 원하던 아기가 생기면 빨리 태어나기를 원합니다. 드디어 아기가 태어나면 큰 기쁨을 느낍니다. 그러나 아기가 태어난 순간부터는 부모로서 해야 할 일이 얼마나 많습니까. 자유는 사라지고 엄마는 자신을 위해서가 아니라 아이를 위해 살아가지 않으면 안 됩니다. 책임이 큽니다. 그리고 아이에 대한 '기대'가 크면 클수록 '고(苦)'도 커집니다.

    가령 '아이를 키우는 건 중요하고 당연한 일.' 이라고 생각하는 사람이라면 아이가 계속 울어도, 처음 겪는 육아 일로 잠이 부족해도, '이 정도는 당연히 해야 할 일이야.' 하고 화를 내지 않을 것입니다.

    공부나 그 외의 일에도 마찬가지입니다. 반대로 '편할 거야.'

라는 기대와 희망이 크면 화를 내고 실패하기 쉽습니다. 현실과의 괴리가 크고, 너무 높은 기대와 희망은 '망상' 인 것입니다.

'산다는 것은 고' 입니다. 그 진리에 반해서 산다는 것은 '낙(樂)' 이라는 반대의 기대가 클수록 고가 늘어납니다. '그래도 고는 싫다.' 라고 하는 것이 삶의 시스템인 것입니다.

'이 시스템은 무엇인가?' 라고 현상의 본질을 관찰해보면 순간순간, 만사가 사라지고 있다는 것을 깨닫게 됩니다. 폭포처럼, 물방울처럼, 흩날리고 튀어서 끊임없이 새로운 현상이 생겨납니다. '뭐야, 다 그런 거야!' 라고 알게 됩니다. '그럼, 아무리 애를 쓰고 발버둥 쳐도 가치가 없는 거잖아.' 포기하고 집착하지 않는 마음이 생깁니다. 불교는 이것을 '깨달음' 이라고 합니다. '깨달음' 에 이르는 길이야말로 성스러운 길입니다.

'깨달음' 을 얻음으로써 일체의 괴로움이 사라집니다. 그것이 운명적인 화의 종언입니다.

'산다는 것은 괴로움이며, 감각은 고' 라는 사실을 먼저 이해해야 한다. 생명에는 '고는 싫다.' 라는 마음이 있어서, 그렇게 살아가고 있다는 것을 알고 있다. 그리고 '산다는 것은 근본적으로 고' 라고 분명하게 이해할 수 있으면 망상적인 희망은 전부 사라질 것이다.

16
감정은 화의 덩어리

✳

　'산다는 것은 고(苦)'는 진리(고성체, 苦聖諦)입니다. 이것이 사실이라면 그냥 내버려 두면 되겠지만, 생명에는 '고는 싫다.'라고 하는 마음이 있습니다.

　'산다는 것은 고'라는 사실을 이해하지 못하기 때문에 '고는 싫다.'라는 마음이 한층 강렬해집니다. '어떻게 해서라도 행복해지고 싶다.', '어떻게 해서라도 계속 살고 싶다.'라는 식으로 생각합니다.

　'어떻게 해서라도'라는 것은 윤리적이지 않습니다. 이성이 없고 오로지 마음뿐. 그것이 '감정'이라는 것입니다.

　가령 우리는 '죽고 싶지 않다.'라는 강렬한 마음을 가지고 있습니다. '왜 그렇게 생각합니까?'라고 물어도 알 수가 없고 대답을 할 수 없을 것입니다.

　'어쨌든 죽고 싶지 않다.'라는 대답밖에 나오지 않습니다.

그것이 감정인 것입니다. 이유가 없는 마음은 모두 감정입니다.

본인에게는 분명히 '죽고 싶지 않다.' 라는 마음이 있습니다. 이유는 잘 모르지만 그렇게 생각합니다. 또는 '죽는 것은 괴로우므로 죽고 싶지 않다.' 라고 대답할지도 모릅니다.

그러나 죽음이 괴로울지 어떻게 알 수 있을까요? 경험한 적이 없는데 그렇게 말하고 있는 것입니다. 이는 그저 생각만 할 뿐 이유가 없는 감정입니다.

이처럼 이유가 없는 '살고 싶다.' 라는 감정, 생에 집착하는 감정을, 불교용어로 '갈애(渴愛)' 라고 합니다. '갈애' 는 근본적인 감정이어서 무섭고 좀처럼 사라지지 않습니다.

(생명에는 '고는 싫다.' 라고 하는 마음이 있다. '산다는 것은 고' 라는 사실을 이해하지 못하기 때문에 '고는 싫다.' 라는 마음이 한층 강렬해진다.

17
공포에 휩싸이는 순간

✳

앞에서 일체는 무상이라고 이야기했습니다. 당연히 '고(苦)' 도 무상입니다.

따라서 때로는 '고'가 사라지는 경우도 있습니다. '고'가 사라지면 큰 행복을 느낄 것으로 생각합니까? 아닙니다. '고'가 사라지면 그 순간, 우리는 '큰일이다!' 라고 생각합니다.

가령 다리의 감각이 없어지면 '큰일' 입니다. 감각은 '괴로움' 인데 사라지면 '큰일' 이라고 생각합니다. 손끝의 아주 작은 감각만이라도 사라지면 너무나 무서워집니다. 점점 무서워져서 뇌에 문제가 있는 건 아닐까, 뇌종양이 아닐까 하고 걱정합니다. 가끔 찾아오는 '고'가 사라지는 순간이 인간에게 있어서 가장 무서운 순간입니다.

이 구조를 반대로 이용하는 예가 유원지입니다. 롤러코스터 같은 놀이기구가 있습니다. 이것은 무서움을 느끼기 위해 타는 기구로, 이런 놀이기구를 탈 때 가장 무서운 순간은 낙하하면서 체중이 사라지는 순간입니다.

올라가는 중에는 전혀 무섭지 않습니다. 그때 체중은 무겁습니다. 그런데 떨어질 때, 몸이 뜹니다. 잠금장치가 해제되고 떨어지는 순간 무서워집니다. 어느 순간 체중을 전혀 느끼지 않게 되면 무서워지는 것입니다. 이때 우리는 소리를 지릅니다.

또 순간적인 무중력감은 무섭지만, 우주비행사는 공포를 계속 느끼지 않습니다. 무중력 공간에 계속 있으면 익숙해져서 감각이 돌아오기 때문입니다. 푹신푹신한 느낌이 듭니다. 그래서 무섭지 않고 기분 좋게 있을 수 있습니다.

우리는 평소에 계속 중량을 느끼기 때문에 중량을 전혀 느끼지 않는 불과 0.1초도 되지 않는 순간이 무서운 것입니다.

'고' 가 사라지는 순간 무서워진다는 사실은 인간이 '고' 를 좋아한다는 예이다. 다른 무언가를 좋아하고 싶어도 '고' 이외에 좋아할 만한 것이 없다. 인간이 생각하는 행복은 모두 '고' 를 지향하고 있다.

18
산다는 것에 대한 집착

✳

인간에게 감각이 없으면 큰일 납니다. 즉 '고(苦)'가 없으면 살아갈 수 없습니다. 만약 '고가 싫다.'고 생각한다면 삶에 미련이 없어서 포기하는 것이 이성적 결론이 됩니다.

그러나 괴로움을 느끼는 우리는 어떤 결론 위에 서 있을까요? 근본적으로 존재하는 '산다는 고'를 깨닫지 못합니다. 현상적으로 나타나는 수많은 '고'에 지나치리만큼 신경을 씁니다.

예를 들어 일이 없어지거나, 아이가 병에 걸리거나, 자신이 병이 나거나, 싫은 사람과 만나지 않으면 안 되거나, 살고 있는 아파트가 작거나 하는 일 등입니다.

그 현상적인 '고'만 없으면 인생은 편안하고 행복이 가득할 것이라는 망상을 합시다. 어떻게 해서라도 '산다는 것은 유의미하고 고마운 일이다.'라고 망상하는 것입니다.

이것은 산다는 것에 철저하게 집착하는 것입니다. 산다는 것에 매달리는 것입니다. 이성이 아닌 억지입니다. 마음으로 이루는 이 감정을 '갈애'라고 합니다. 살고 싶다고 생에 집착하는 것입니다.

그러나 '갈애'와 직접 싸울 수는 없습니다. 갈애는 무지에 근거해서 이룬 감정적인 결론이기 때문입니다.

지혜가 생겨서 현실을 있는 그대로 볼 수 있는 능력을 개발하지 않는 한, 갈애는 사라지지 않습니다.

> 현상적인 '고'만 없으면 인생은 편안하고 행복이 가득할 것이라는 망상을 한다. 어떻게 해서라도 '산다는 것은 유의미하고 고마운 일이다.'라고 망상하는 것이다.

19
'욕'은 '화'의 다른 버전

✳

'화'의 다른 버전으로 '욕(欲)'이라는 것이 있습니다. '고(苦)'를 느끼면 '화'가 생기지만, 그때 '화가 없어졌으면.' 하고 바랍니다. 이 '~했으면'에 중심을 둔 감정이 '욕'입니다.

가령 돈이 없는 상태라고 합시다. '왜, 돈이 없는 거야.' 라고 생각할 때는 '화'의 감정입니다. 이것이 '부자가 되고 싶다.' 라는 식으로 미래를 의식하면 '욕'이 됩니다. 지금의 현실 상황에 초점을 맞추면 '화'입니다. 그 현실이 사라진 현실을 망상하면 '욕'입니다. 현재와 미래, 어느 쪽에 기대하느냐의 차이로 화나 욕이 생기는 것입니다. 그런데 화가 욕보다 근본적입니다. 세상에는 욕에 눈이 먼 사람보다 화에 눈이 먼 사람이 훨씬 많습니다.

화와 욕의 차이를 구체적으로 설명하겠습니다. 평소에 성실한 청년이 예쁜 여자를 보고 욕이 생겼다고 가정하겠습니다. 그

여자와 사랑을 나누면 즐거울 것으로 생각합니다. 만약 청년이 이때 매우 즐겁게 생활하고 있다고 하면 갑자기 눈에 띈 여자에게 욕을 품지는 않을 것입니다. 현실에 있는 지루함 등의 '고(화)'로 인해 희망적인 욕의 감정이 생긴 것입니다. 그러나 그 여자가 결혼반지를 끼고 있거나, 또는 자신에게 전혀 흥미를 보이지 않아서 사귀는 것을 포기했다고 합시다. 원하는 것을 포기하는 것은 괴로운 일입니다. 기분이 나쁩니다. 그 기분은 '화'가 됩니다.

아시겠습니까. 그 사람의 마음에 먼저 화가 있고, 그것이 욕으로 바뀐 것입니다. 그리고 다음으로 욕이 화로 변해버린 것입니다. 흔히 말하는 애증입니다.

우리는 살아가면서 일관적으로 '싫은 기분이 드는 일'을 계속하고 있습니다. '싫은 기분'은 근본적인 '화'입니다. 그리고 '나는 왜 이럴까.' 하고 관찰을 하게 되면 분명한 '화'입니다. 그렇지 않고 '그건 싫어. 이렇게 해야지.'라고 생각하면 '욕'입니다. 양쪽 다 '싫은 기분'이라는 똑같은 감정에서 발생하는 다른 버전입니다.

배가 고프면 '싫다.'라고 생각하는 사람에게는 '화'가 생기고, '맛있는 걸 먹어야지.'라고 하는 사람에게는 욕이 생깁니다. 이 둘밖에는 없습니다.

현재와 미래, 어느 쪽에 기대하느냐의 차이로 화나 욕이
생기는 것이다. 세상에는 욕에 눈이 먼 사람보다 화에
눈이 먼 사람이 훨씬 많다.

20
욕을 없애는 것은 어렵다

✳

화는 여러 가지 종류가 있지만, 욕(欲)은 여러 장면에서 생기 거나 없어지거나 합니다. 화일수록 복잡하지 않습니다.

하지만 욕을 없애는 것은 조금 어려울지 모릅니다.

특히 현대인은 필요 없는 물건도 '좋아 보이니 갖고 싶다.' 며 달려드는 경우가 많습니다. 이것은 충족되지 않아도 괜찮은 욕 입니다. 그와 달리 살아가기 위해 '갖고 싶다.' 라는 욕이 있습니 다. 먹는 일이나 비바람을 피하는 것은 생존을 위해 필요한 욕 입니다. 그 욕을 없애는 일은 살아 있는 한 불가능합니다. 따라 서 더 '화를 없애는 것' 에 초점을 맞추어야 합니다.

그다지 충족되지 않아도 살아갈 수 있는, 아무래도 좋은 욕 의 대표가 '성욕' 입니다. 존재와 전혀 관계없고, 충족되거나 충 족되지 않아도 아무래도 괜찮은 무의미하고 헛된 것입니다.

밥을 먹고 싶은 욕은 충족되지 않으면 죽습니다. 비바람을 피해 따뜻한 곳에 있고 싶은 욕도 내버려 두면 생명에 지장이 있습니다. 그러나 성욕은 존재와는 관계가 없습니다.

예를 들어 인도 사회의 브라만 계급에서는 조상에게 제사를 지낼 수 있는 것은 아들뿐입니다. 그런 문화에서는 '아들을 낳지 않으면 안 된다.' 라는 생각은 보편적인 일입니다.

또 대를 이을 아들을 낳아야만 하는, 세습을 중시하는 전통 예술의 본가나 왕족의 이야기가 화제가 되기도 합니다.

하지만 이것이 생명의 근본적인 욕구와 희망일까요? 그렇지 않습니다. 망상이라는 이상한 사고를 이용해서 인간이 나중에 만들어 놓은 것입니다.

부모님이 돌아가시기 전에 손자를 보게 하고 싶다거나 자손이 끊기면 안 된다는 망상으로 '아이를 만들어야 한다.' 라고 생각해도, 기아 상태에서 '한 입이라도 좋으니 음식을 먹고 싶다.' 라는 마음만큼 절실하지는 않을 것입니다. '나를 키워주신 부모님을 기쁘게 해드리고 싶다.', 또는 '부모님에게 효도하고 싶다.' 정도가 아닐까요? 반드시 해야만 한다는 마음은 아닐 것입니다.

아이는 성행위의 결과로 태어나는 것입니다. 아이를 만들기 위해 성행위를 하는 것이 아닙니다. 성행위는 생명의 기본적인 프로그램이 아닙니다. 현대인은 아이를 만들기 전에 가족계획이나 인생 설계 같은 여러 가지 계획을 세웁니다.

그러나 만일 아이를 만드는 일이 근본적인 프로그램이라면 계획을 세우지는 않을 것입니다. 가령 집에 불이 나면 '무엇을 가지고 나올까.', '아이패드, 휴대폰을 가지고 나와야지.' 하는 따위의 한가한 계획을 세우고 있지 않을 것입니다. 오로지 목숨을 지키는 일만 생각해서 먼저 집에서 뛰어나올 것입니다. 그래서 성욕이 전혀 존재의 유지와 관계가 없다는 것입니다.

밥을 먹고 싶은 욕은 충족되지 않으면 죽는다. 비바람을 피해 따뜻한 곳에 있고 싶은 욕도 내버려 두면 생명에 지장이 있다. 그러나 성욕은 존재와는 관계가 없다.

21

기본적인 욕구와 관념적인 욕구

＊

불교에서 수행자는 가장 먼저 아무래도 괜찮은 욕인 성욕을 끊습니다. 그러나 밥을 먹는 일은 끊을 수 없습니다. 추우면 모포 한 장을 더 두르는 행위는 그만둘 수 없습니다.

성욕처럼 속세에서 필요하게 여기는 욕구는 생명의 기본적인 욕구가 아니라 나중에 인간이 만든 관념적인 욕구라는 인식을 하는 것이 좋습니다. 즉 세속적인 욕에 '휘둘리지 말라.'는 것입니다.

석가는 인간이 왜 성행위에 그렇게 집착하는가에 대해 "그것은 오감을 한순간에 즐겁게 하기 때문."이라고 했습니다. 핵심은 '욕이라는 것은 감각을 즐겁게 하고 싶은 충동이다.' 입니다.

맛있는 음식을 먹을 때 사용하는 것은 눈뿐일까요? 음악을 들을 때 사용하는 것은 귀뿐일까요? 성행위는 눈과 귀와 코와 촉각이 동시에 자극을 받아서 오감이 한순간에 즐거워집니다.

그래서 인간은 성행위에 그토록 집착하게 됩니다. '자손을 만들고 싶기 때문.'이라는 거짓말까지 해서라도 말입니다.

석가는 인간이 왜 성행위에 그렇게 집착하는가에 대해 "그것은 오감을 한순간에 즐겁게 하기 때문."이라고 했다.

22
채널이 많을수록 즐겁고 괴롭다

✳

감각에 대해서 설명하면, 우리는 CD로 음악을 듣는 것보다 영화를 보는 편이 더 즐겁습니다. 음악도 DVD로 보면 즐겁습니다. 왜일까요? 두 개의 기관이 동시에 즐겁기 때문입니다.

꽃놀이의 경우를 보아도, 꽃을 보고 싶다면 단지 꽃을 보면 좋을 것입니다.

하지만 우리는 음악도 틀고 밥도 먹으면서 감각을 더 즐겁게 하려고 합니다. 감각의 채널을 늘리면 점점 더 즐겁게 되기 때문입니다.

먹고 마시고 노래하고…… '꽃을 보는 것'은 완전히 뒷전으로 밀려서 결국은 '보지 않은 것'과 마찬가지가 되고 맙니다.

성행위는 다섯 개의 채널을 동시에 자극하기 때문에 강한 집착을 불러일으킵니다.

그러나 감각은 괴로움입니다. 오감을 사용하면 그만큼 피곤해집니다. 그래서 인간이 가장 빨리 지치는 것이 성행위입니다.

예를 들어 창에서 벚꽃을 보고 있는 경우, 하루 종일 보고 있을 수 있지만, 꽃놀이하러 가면 완전히 녹초가 됩니다. 채널을 너무 많이 늘린 것입니다. 눈을 감고 음악을 들으면 하루 종일 들을 수 있지만, 영화관에서 하루 종일 영화를 보는 것은 고역입니다. 채널을 두 개 사용하기 때문에 피곤이 두 배가 됩니다. 성행위는 더욱 그렇습니다.

생존에 필요 없는 욕은 망상 개념입니다. 망상으로 즐거운 일을 생각하니 끝이 없어집니다. 더 갖고 싶다, 아무리 많아도 부족하다는 욕이 생깁니다. 그 '더 원하는 것'이 이상(異常)입니다. 그런 제한이 없는 상태를 불교는 위험시합니다.

욕 자체는 분석해서 우선순위를 매길 수 있습니다. 성욕은 당장 버려야 할 대표적인 욕입니다. 다른 욕은 갑자기 버릴 수 없으므로 천천히 생각하면서 버려갑니다.

성행위는 다섯 개의 채널을 동시에 자극하기 때문에 강한 집착을 불러일으킨다. 그러나 감각은 괴로움이다. 오감을 사용하면 그만큼 피곤해진다. 그래서 인간이 가장 빨리 지치는 것이 성행위이다.

23
생명이 느끼는 것

❋

중요한 포인트를 말하겠습니다.

'홧김에 하는 것은 무엇이든 실패한다.' 입니다. 그래서 '화 내지 않는 것' 이 중요합니다. '화' 의 결과는 반드시 나쁩니다. 반드시 불행해집니다.

'화' 그 자체는 물론이고 살아가는 데 위협, 공포, 두려움도 '화' 의 원천입니다. 너무나 손쉽게 '화' 로 변합니다. '화' 로 변하는 것은 당연한 일이지만, 그 결과로 인생은 엉망이 되어버립니다.

가령 숲에서 무서운 동물이 자신을 공격해왔다고 합시다. 당연히 달려서 도망치기 시작합니다. 산 정상으로 이어진 외길을 전력을 다해 달려서 도망칩니다. 맹수는 끈질기게 뒤에서 쫓아옵니다. 너무 큰 공포입니다.

도망쳐서 올라간 산 정상이 낭떠러지입니다. 외길을 달려왔기 때문에 이젠 낭떠러지에서 뛰어내리는 길 외에는 다른 방법이 없습니다. 하지만 뛰어내리면 죽을 것이 뻔합니다.

결국, 인생도 똑같습니다. 공포와 불안에 쫓기고 두려워하며 그것을 충동으로 해서 살아가고 있는 것입니다.

달려서 도망가면 '화'라는 낭떠러지가 기다리고 있습니다. 화를 내면 파괴가 있을 뿐입니다. 그것을 반복하게 되는 '함정'이 있는 것입니다.

그러니 맹수라는 공포, 위협, 두려움 등에 '쫓기고 있다.'고 해서 뛰는 것은 좋지 않습니다. 이성에 근거한 삶의 방식이 아닙니다. 쫓겨서 도망치는 인생의 앞에는 반드시 '화'라는 낭떠러지가 기다리고 있습니다.

그럼 어떻게 하면 좋을까요?

가능하면 맹수를 그대로 달리게 해야 합니다. 자신은 살짝 옆길로 빠집니다. 길에서 조금 벗어납니다. 또는 그 자리에 멈추어 섭니다. 그렇게 하면 기세등등하던 맹수는 갑자기 제동을 걸 수 없어서 달려오다 낭떠러지로 떨어집니다.

'정말 큰일 났다.'라는 공포, 위협에 휩싸여도 도망치지 않고 참고 견디면 그 감정은 사라져버립니다. 멈추어 서보십시오. 그것으로 '이젠 안심' 상태가 됩니다. 공포심에 쫓겨서 내달리면 안 됩니다. 공포라는 맹수가 날뛰고 배회해도 자신까지 휩쓸려서는 안 됩니다.

인생은 공포와 불안에 쫓기고 두려워하며 그것을 충동
으로 해서 살아가고 있다. 달려서 도망가면 '화' 라는 낭
떠러지가 기다리고 있다. 화를 내면 파괴가 있을 뿐이
다. 그것을 반복하게 되는 '함정' 이 있는 것이다.

24
공포를 느끼지 않는 생명은 없다

✳

　인생은 지금 말한 비유로 보는 편이 좋습니다. 어떤 생명이라도 공포, 두려움이 있습니다. '아니, 나에겐 두려움은 없다.'라는 사람이 있다면 묻겠습니다. 병에 걸릴까 봐 걱정되지 않습니까? 누구나 나이를 먹기 마련입니다. 나이를 먹고 늙는 게 걱정되지 않습니까? 친한 사람이 죽는 일도 있을 것입니다. 사람의 죽음이나 자신의 죽음은 걱정되지 않습니까? 어떻습니까?

　이런 일들은 누구에게나 생기는 일입니다. 그러나 모두 '나는 다르다.'라고 말합니다. 그래서 석가는 '생로병사(生老病死)'나 '애별리고(愛別離苦)'라는 말로 공포, 위협에 대해서 구체적으로 설명했습니다. '생로병사'나 '애별리고'가 없다고 말하는 사람은 아무도 없습니다.

　사람은 밥을 먹지 않으면 살 수 없습니다. 하지만 먹는 것 하나하나에서도 여러 가지 '고'의 감정이 나타납니다. 일할 때도

'아무것도 하지 않으면 월세를 낼 수 없다.', '생활비를 벌 수 없다.' 라고 하는 '고' 의 이유가 있고, 우리는 이런 것들을 두려워하며 살아갑니다. 살아 있는 한, 항상 마음 한구석에는 위협, 공포와 같은 감정이 있습니다.

'건강하고 밝게 살아야지.' 라는 생각은 단지 관념적으로 생각하는 것에 불과하고 실제는 항상 어딘가에 위협, 공포, 두려움, 불안이라는 감정을 무의식적으로 품고 있습니다.

계속 무의식 속에 머문다면 좋겠지만 때로는 의식의 영역으로 떠오릅니다. 바로 '화를 냅니다.'

살아 있는 한, 항상 마음 한구석에는 위협, 공포와 같은 감정이 있다.

25
인생은 강제수용소

*

　우리를 살아가게 하는 것은 불안, 공포, 위협입니다. 불교는 이것을 '화라는 감정의 그룹'으로 분석합니다. 누구나 위협을 당하고 불안한 상태에 있습니다. 살아 있는 한, 늙으면 병과 죽음에 위협당하고, 불안에 휩쓸립니다. 여기에서 도망친 생명은 없습니다.

　그렇게 생각하면 우리의 인생은 강제수용소 같은 것입니다. 제2차 세계대전 때에 독일이 유대인을 아우슈비츠 수용소에 집어넣고 가혹한 노동을 시키거나, 가스실에 넣거나, 굶어 죽게 해서 대량학살을 했습니다. 가스실까지 유대인을 데리고 가는 것도, 시체를 태우는 것도, 태운 유해를 처분하는 것도 같은 유대인이 해야만 했습니다. 때로는 그중에 가족이 있는 경우도 있었습니다. 처참한 일입니다. 그러나 그때 '그런 일을 하고 싶지 않다.'라고 말해봤자 나치에게 총살당할 뿐이었습니다.

다른 사람의 인생을 보아도 우리의 인생은 강제수용소라고 할 수 있습니다. 그것이 현실입니다. 불안감이 있어서 안심할 수 없습니다. 그렇다고 해서 불안감으로부터 도망치려고 뛰기 시작하면 예상했던 대로 함정에 빠질 때까지 달리게 될 뿐, 마지막에는 죽고 맙니다.

그럼 어떻게 하면 좋을까요? 답은 벌써 나와 있습니다. 그 길은 진정한 길이 아니라는 것입니다.

석가는 도망치지 않는, 죽음의 함정에 빠지지 않는 길을 가르쳐주었습니다. '중도(中道)'입니다. 어느 쪽에도 치우치지 않아서 '중도'이지 '한가운데'라는 뜻이 아닙니다. '초월도(超越道)'라고 하는 편이 맞을지도 모릅니다.

맹수의 예를 반복하지만, 낭떠러지까지의 외길에서 조금만 비켜서면 맹수는 앞서가다 낭떠러지로 떨어져 버립니다. 맹수가 사라지면 이제는 안심하고 그 뒤에 낭떠러지를 향해 걸어가서 경치를 바라보든지, 숲을 조망하든지, 잠깐 내려가 보든지, 더 이상 맹수는 없으니 자유롭게 할 수 있습니다.

누구나 위협을 당하고 불안한 상태에 있다. 살아 있는 한, 늙으면 병과 죽음에 위협당하고, 불안에 휩쓸린다. 여기에서 도망친 생명은 없다.

26
인생의 목적은 무엇인가

그럼 '중도'란 구체적으로 어떤 삶의 방식을 말하는 것일까요? '맹수를 앞서가게 하는 삶'의 방식이란 어떤 것일까요?

흔히 세상에서 말하는 "인생의 목적을 확실히 정하고 열심히 노력하라."라는 것은 말일 뿐 내용이 없습니다.

속세에서 '인생의 목적은 무엇인가?'라고 하면 좋은 학교에 들어가거나, 좋은 사람과 결혼하거나, 월급이 많은 회사에 취직한다거나 하는 것이 아닐까요? 큰 의미가 없습니다.

어떤 운동선수에게 재능이 있다면 금메달 획득을 인생의 목표로 삼는 경우도 있습니다.

운동이나 공부, 음악에서도 마찬가지로 속세에서 생각하는 길은 모두 불안과 공포에 휩싸여 달리기를 바라는 길입니다.

어떤 사람은 금메달을 목표로 달리고, 어떤 사람은 일류 대학을 목표로 달리고, 좋은 회사에 취직하기 위해 달립니다.

그러나 불안은 그대로입니다. 이윽고 달리다가 완전히 지쳐 버립니다.

신경세포와 뇌세포가 혹사당하고 파괴되어서 가지고 있던 능력도 없어져서 어이없고 허무하게 죽습니다.

식물인간이 되고 싶지 않다, 다른 사람의 폐가 되고 싶지 않다고 노력해도 그런 바람과는 반대의 결과에 이르게 됩니다.

모든 장수 비결을 시도해서 오래 살고 싶어 해도, 그 바람과는 반대로 반드시 '죽음'이라는 결과에 다다르고 맙니다. 자신이 그토록 피하고 싶었던 결과에 다다르게 되는 것입니다.

화를 극복하고 싶다면, 우리가 악순환 속에서 달리고 있다는 것을 이해할 필요가 있습니다.

이해하면 자연스럽게 부처가 말하는 다른 길, 안전한 길에 대해 '가볼까?'라는 마음이 생길 것입니다. 자신감이, 의욕이 생깁니다.

'자신의 인생은 무엇인가?'라고 진심으로 이해하십시오. 자신은 괴로움이라는 공포에 쫓겨서 낭떠러지를 향해 전력으로 달리고 있다고 이해하는 것이 중요합니다. 멈추면 맹수에게 잡아먹히고, 달려도 낭떠러지에서 떨어져 죽는, 양쪽 모두 이길 승산이 없는 그 길을 어떻게 하면 좋을까 하고 깨달아야 합니다.

화를 극복하고 싶다면, 우리가 악순환 속에서 달리고 있다는 것을 이해할 필요가 있다. '자신의 인생은 무엇인가?' 라고 진심으로 이해해야 한다. 자신은 괴로움이라는 공포에 쫓겨서 낭떠러지를 향해 전력으로 달리고 있다고 이해하는 것이 중요하다.

2장

화의 모습

화는 24시간 생긴다

⁕

　지금까지 화가 인생을 파괴한다, 생명을 파괴한다는 것을 설명했습니다.

　그리고 '화가 있으므로 생명은 살아 있다.' 라는 모순에 대해서도 설명했습니다.

　이제부터는 레벨을 바꿔서 우리가 느낄 수 있는, 인식할 수 있는 화에 관해서 설명하겠습니다.

　화를 바르게 인식하는 것, 그 모습을 아는 것은 화의 극복으로 이어집니다.

　화는 24시간, 어느 때라도 생기는 것이라는 점을 이해해야 한다.

2
원자 한 개 분량의 화에 대한 자각

가능한 한 철저하게 화를 체크해보십시오. 아주 조그마한 '화'도 방치하지 않도록 신경을 씁니다.

예를 들어 지하철을 타면 대부분의 사람이 휴대폰을 만지작거리며 문자를 보내거나 게임을 합니다. 내릴 역에 도착해도 휴대폰에 정신이 빠져 있는 사람은 거기에 열중해서, 내리는 동작이 아주 일순간이지만 늦습니다. 아주 조금 움직임이 늦습니다. 또는 승강장에 내리고 나서도 0.02초 정도 미세하게 발걸음을 멈춥니다.

그때 주위 사람은 그 일순간의 뒤처짐과 멈춘 듯한 느낌에 '빨리 좀 가지.'라는 생각이 드는 경우가 많지 않습니까? 순간의 기분이기 때문에 말로 표현하지 않습니다. 짜증 같은 미세한 거부의 마음이 생깁니다. 아주 미세한 원자 한 개 분량 정도가 생깁니다.

철저하게 화를 인식하고 있다면 원자 한 개 분량 정도까지 신경을 쓰지 않으면 안 된다.

3
화를 극복하는 길

꙰

엄밀히, 확실히 화를 자각하면서 살아가면 화의 모습을 알 수 있게 됩니다.

우리는 어떤 순간에도 화가 생길 수밖에 없는 환경에 놓여 있습니다. 꼼꼼하게 살펴보면, 한순간 생기는 화까지 볼 수 있게 됩니다. 그렇게 되면 완전하지는 않지만, 대략 '화를 극복하고 있다.' 라고 할 수 있습니다.

교육은 유치원에서 대학원까지 있습니다. 화에 관한 공부는 그 모든 과정 정도의 것이라고 이해하십시오. 중학교나 고등학교 '3년 정도뿐' 이라는 감각으로 임해서는 곤란합니다. 교육의 경우, 한 사람의 사회인으로 성장하기까지는 상당히 많은 세월을 요구하는 프로그램이 필요합니다. 화의 경우에는 특히 더 그렇습니다.

그러나 어렵게 생각할 필요는 없습니다. 유치원에서 대학교까지, 하나씩 단계를 밟아서 진행되는 것과 마찬가지로 하나씩 착실하게 나아가면 됩니다.

아무리 사소한 화라도 분명하게 자각하기 위해서는 먼저 화에 대해 잘 알 필요가 있습니다. 마음에 끓어오르는 감정이 '화' 라는 것을 알지 못하면 자각할 수 없습니다.

예를 들어 '어떤 곳에 가서 범인을 찾아오십시오.' 라는 말을 들었을 때, 구체적으로 어떤 사람을 찾으면 되는지 알지 못하면 찾을 수가 없습니다.

화를 극복하기 위해서는 화를 발견하는 것이 포인트이기 때문에 '화란 이런 것이다.' 라는 정보가 필요합니다. 얼굴도 특징도 모른 채, 그저 무턱대고 찾아도 의미가 없습니다.

불교에서는 화를 10종류로 분류합니다.

우리들의 화를 정확히 분류하지 않으면 안 됩니다. 분류하면 화가 난 원인과 화에 대한 자신의 태도도 알 수 있습니다. 최종적으로 화를 만드는 원인을 근절해야만 합니다.

(아무리 사소한 화라도 분명하게 자각하기 위해서는 먼저 화에 대해 잘 알 필요가 있다. 마음에 끓어오르는 감정이 '화' 라는 것을 알지 못하면 자각할 수 없다.

4
화의 종류

‘화’는 기본적으로 ‘이것은 싫다.’, ‘이것은 안 된다.’라는 반응입니다.

‘산다는 것은 고(苦)’이자 ‘고를 없애고 싶다.’라는 것에서 시작되지만, 화는 점점 버전이 달라집니다. 우리가 ‘화’와는 다른 것으로 생각하는 감정도 ‘화’의 에너지 형태가 바뀐 것인 경우가 많습니다.

불교에서는 ‘화’를 10종류로 분류해서 파악합니다. 종류를 나눈 이유는 위험성의 차이, 행위의 차이, 결과의 차이가 있기 때문입니다.

하지만 모두 ‘화’이기 때문에 그 결과는 ‘패배’로 정해져 있습니다.

불교에서는 '화'를 10종류로 분류해서 파악한다. 종류를 나눈 이유는 위험성의 차이, 행위의 차이, 결과의 차이가 있기 때문이다.

첫째: 기본적인 '화' 입니다 (도사).

10종류의 '화'는 기본적인 '화' 한 가지와 마음의 에너지가 폭주해서 형태를 바꾼 아홉 종류로 나뉩니다. 가장 기본적인 '화'는 파리어(巴里語, 석가의 말을 충실히 전하는 고대 인도어)로 '도사' 라고 합니다. 도사라는 말은 본래 '더럽다.', '흐려진다.' 라는 뜻으로 소위 '어둡다.' 라는 의미입니다.

화라는 것은 반드시 '어둡다.' 또는 '싫은 느낌' 이라고 해도 알기 쉽습니다. 건강하고 밝은 마음에 조금이라도 '싫다.' 라는 화가 들어오면 순식간에 밝음이 줄어듭니다.

호텔 등의 조명기구에는 밝기를 그러데이션으로 조절할 수 있는 '딤' 이라는 조광 장치가 있습니다. 조광 장치를 돌리면 방이 밝아지거나 어두워집니다. 그와 같이 화가 강해질수록 어두워집니다.

화의 반대는 피티, 즉 '기쁨' 입니다. '아, 즐겁다.', '행복하다.', '두근거린다.', '명랑하다.' 라고 할 때에는 마음에 화가 없습니다.

피티의 마음에 도사가 들어와서 머물면 밝은 마음은 점점 사라집니다. 조금이라도 기분이 어두워졌을 때, 그것을 깨닫는 것이 중요합니다.

그리고 자신이 화를 내고 있는지 어떤지는 밝음으로 알 수 있습니다. 싫은 기분이 조금이라도 있는가 아닌가로 알 수 있습니다. '어쩐지 즐겁지 않다.', '재미가 없다.', '따분하다.', '싫다.' 등의 감정이 조금이라도 있으면 화가 들어오게 됩니다. 이 조금이라도 어두운 기분이 있는 단계가 도사입니다.

화는 자라난다

감정은 연쇄반응에 의해 연속적으로 폭발합니다. 감정은 불합리합니다. 사고(思考)의 경우는 데이터가 들어 있으므로 답을 발견하면 끝나지만, 망상은 무한으로 뻗어 나가기 때문에 제한이 없습니다.

살아가는데 큰 포인트는 인간이 근본적으로 안고 있는 '고(苦)'에 대해 어떻게 어프로치 하는가 하는 점입니다. '화'라는 감정으로 어프로치 하면 이성이 작용하지 않습니다. '욕'도 마찬가지로 어떻게 변할지 알 수 없고, 무엇이든 될 수 있습니다. 생명이 근본적으로 가지고 있는 기본적인 화는 만능 세포입니다. 만능 세포는 심장이 될 수도 있고 간도 될 수 있습니다. 그처럼 근원에 있는 기본적인 화는 여러 가지 '화'로 형태가 바뀔 수 있습니다. 그것이 다음에서 소개하는 '도를 넘은' 화입니다.

화는 쌓이면 쌓일수록 강한 파괴력을 발휘합니다. 방사능과 똑같습니다. 쌓이면 쌓일수록 위험합니다. 외부로 향하면 외부가 파괴되고, 자신에게 향하면 자신이 파괴됩니다. 그래서 어떻게 도사의 순간을 자각해서 처리하는가가 화를 극복하는 포인트입니다.

도를 넘은 화는 9종류

화는 커지면 각각의 캐릭터를 발휘하게 됩니다. 불교에서는 그 '도를 넘은 화'를 엄밀히 9종류로 분류합니다.

도를 넘어버리면 아무것도 아닌 일에도 비이성적인 감정이 폭발합니다. 화의 파괴력은 대단히 위험합니다. 자신도 파괴해 버립니다.

기본적인 '화'는 본래 '더럽다.', '흐려진다.'라는 뜻으로 소위 '어둡다.'라는 의미이다. 화라는 것은 반드시 '어둡다.' 또는 '싫은 느낌'이라고 해도 알기 쉽다. 건강하고 밝은 마음에 조금이라도 '싫다.'라는 화가 들어오면 순식간에 밝음이 줄어든다.

둘째: 격노입니다 (베라).

보통사람들의 '화'에는 '베라'가 많습니다. '화'라고 인식하기 쉽고 화를 내고는 후회하는 것도 베라에 의한 '화'입니다. 흔히 '화가 머리 꼭대기까지 났다.'라고 하는데, 화를 분출하지 않고는 견딜 수 없을 정도로 강해진 상태입니다. 화의 에너지의 압력이 높아져서 폭발해버린 상태입니다.

어두워진 마음의 도사를 방치해두면 마음은 점점 회전해서 어둠을 증가시킵니다. 그리고 분명하게 화를 내고 있는 베라의 상태가 됩니다.

화가 나서 소리치거나, 때리고 싶어지거나, 부들부들 떨거나……. 옆에서 보아도 '저 사람은 화를 내고 있다.', '나는 화가 났다.'라고 분명히 알 수 있는 화입니다.

> 격노는 화의 에너지의 압력이 높아져서 폭발해버린 상태이다.

셋째: 원망(원한)입니다 (우파나히).

'원망(怨)'도 화입니다. 이것을 '우파나히'라고 합니다. 아주 작은, 싫은 일이 생겨도 좀처럼 잊지 못하는 것이 특징입니다. 계속 생각이 떠오릅니다.

우파나히는 사실 근본적인 '고'와는 관계가 없습니다.

예를 들어 '너는 정말 일을 못 하는 바보다.'라는 말을 들었다고 합시다. 보통은 화를 낼 것입니다. 그때 그저 화만 낸다면 '화(도사)'입니다. 그런데 '저 사람에게 그런 말을 듣다니.'라고 반복해서 떠올리고, 스스로 계속 재생해서 증식하는 것이 우파나히입니다.

싫은 기분을 계속해서 재생하다 보면 화가 점점 커져서 멈출 수 없습니다. 마지막에는 정말로 그 사람의 목소리까지 들리게 됩니다. 망상하고 재생하는 것입니다.

예를 들어 '하늘을 나는 코끼리가 있습니다.'라고 하는 몽상이라면 별일은 없습니다. 그러나 망상에 감정이 들어 있는 경우는 큰 문제입니다. 현실적으로 화의 감정이 생겨서 사람을 파괴하기 때문입니다.

감정에 집착한다

보통 화의 레벨 안이라면 '그런 일은 잊으세요.', '별일 아니니까, 한잔해요.' 라고 하며 기분을 전환할 수 있습니다. 그러나 우파나히의 경우는 술을 마시고 일단은 기분이 전환되었다고 해도 다시 원점으로 되돌아옵니다.

예를 들어 발을 계단에 부딪쳤다고 합시다. 아파서 '싫다.' 라고 생각합니다. 여기까지는 도사입니다. 그것으로 끝나면, 통증이 사라지면 싫은 기분도 점점 사라져 갑니다.

그러나 우파나히는 그렇지 않습니다. 처음에는 도사였던 화가 우파나히까지 강해지면 계단을 볼 때마다 아파서 싫은 감정이 생겼던 경험을 떠올리거나 합니다. 언제까지나 그 감정에 집착하는 것입니다.

'욕' 의 예로 말하면 스토커가 그런 느낌입니다. 마음에 둔 사람을 머릿속에서 계속 재생해서, 욕의 마음이 점점 증식해서 스토커 행위까지 초래합니다. 우파나히의 증식 상태와 똑같은 느낌입니다.

'싫은 것' 이 마음을 점령한다

어떤 일이 생겼을 때, 처음에 생기는 화는 아주 작은 것입니다. 그것을 재생해가는 사이에 '죽이고 싶다.' 라고 생각할 만큼 자라납니다. 더 증식하면 '아무라도 좋으니 죽이고 싶다.' 라고 생각하는, 이것이 우파나히입니다.

무차별 살인을 저지르는 사람의 화는 대부분 우파나히입니다.

우리의 마음도 화가 증식되어 망상하게 되면 우파나히가 될 가능성이 있습니다. 그러나 성격 때문에 별일도 아닌 화를 우파나히까지 키우는 사람도 있습니다.

화를 없애고 싶다면 반드시 도사와 우파나히의 차이를 공부하십시오. 처음의 보통의 화는 도사이고, 화가 망상으로 증식하는 것이 우파나히입니다. 화는 '증식시키는 것이 아니다.'라고 분명하게 이해하십시오. 비록 화가 나더라도 계속해서 화를 내지 않도록 주의하십시오.

원망은 아주 작은, 싫은 일이 생겨도 좀처럼 잊지 못하는 것이 특징이다. 계속 생각이 떠오른다.

넷째: 경시입니다 (마키).

'마키' 는 '경시' 입니다. 직역은 '지운다.' 라는 의미입니다. 무엇을 지우는가 하면 사람의 좋은 점을 없었던 거로 하기 때문에 '경시' 라고 했습니다. '경시' 하는 것도 '화' 로 분류됩니다.

마키는 사람의 좋은 점을 없었던 것으로 하는 것입니다. 다른 생명을 만날 때마다 '어디 결점이 없을까.' 하고 찾는 마음입니다.

다른 사람의 좋은 점은 못 본 체하고 어디가 나쁜 걸까, 어디가 잘못된 걸까 하고 결점만 찾습니다. 또 나쁜 점을 찾지 못하면 화를 냅니다.

'뭐야, 저 사람은 별로 대단하지 않군.' 하고 생각하는 경우에는 화가 생기지 않습니다. 그러나 자신과 비교해서 더 좋은 점을 발견하면 안절부절못합니다. 결점이나 흠집을 찾기 시작합니다.

필자는 마키를 '까마귀 성격' 이라고 표현합니다. 까마귀는 쓰레기통을 찾고 있습니다. 음식물 쓰레기 중에서도 생선이나 고기와 같은 썩은 것만 일부러 찾습니다. 아무리 벚꽃이 만개해 있어도 흥미가 없습니다. 음식물 쓰레기만 찾습니다. 그런 사람도 있기 마련입니다.

처음부터 '결점을 찾아야지, 흠집을 찾아야지.' 하는 마음속의 생각입니다.

그래서 항상 기분이 나쁘고 항상 싫은 기분이 듭니다.

마키에 이르는 프로세스

도사에서 마키에 이르는 구체적인 프로세스를 설명하겠습니다. 처음은 도사가 있습니다. 가령 '저 사람은 노래는 잘 부르지만 춤은 못 춘다.'라는 말은 하지만 '저 사람은 춤은 잘 못 추지만, 노래는 잘한다.'라는 생각은 하지 않습니다. 결점만을 보고 있으니 즐겁지 않습니다. 이 결점만 볼 때의 화는 도사입니다.

그러나 결점만 보려고 하는데 좋은 점을 보게 되는 경우가 있습니다. 그렇지만 보고 싶지 않습니다. 이것이 마키입니다. 좋은 점을 보면 참을 수 없습니다. 재능을 보면 참지 못합니다.

'경시'하는 경우에는 반드시 상대의 능력이 자신보다 높습니다. 상대가 능력이 없으면 일부러 '경시'할 필요가 없습니다. 자신과 상대를 비교해서 경시하는 경우는 상대방의 레벨이 위에 있습니다. 그것을 참을 수 없습니다. 경시하려고 해도 경시할 수 없게 되면 기분이 너무 나쁘지 않습니까? 화가 맹렬하게 치솟습니다.

좋은 점이 보인다

마키는 사람의 좋은 점, 자신은 당해낼 수 없는 점이 보였을 때 생깁니다. '상대의 약점이나 결점을 보고 싶다.' 라는 자신의 희망이 좌절된 화입니다. 그것도 단순한 희망이 아니라 처음부터 화의 희망입니다. '약점이나 결점을 보고 싶다.' 라는 것은 화의 희망, 그 자체입니다. 그 희망이 이루어지기는커녕 반대로 좋은 점이 눈에 띕니다. 그래서 화의 희망이 부서지고 강렬한 화가 되어버립니다. 심해지면 관계없는 사람에게도 화를 내기도 합니다.

테러리스트가 있습니다. 국제정치에서는 미국에 대한 테러만이 테러행위라고 정의되어 있지만, 잘 보면 세계 곳곳에서 테러행위가 일어납니다. 사람의 행복을 파괴하는 것이 바로 테러행위입니다.

자신과 관계가 있거나 없거나 아무래도 상관없습니다. 깨끗하게 칠해진 벽에 낙서하는 사람이 있습니다. 깨끗하던 벽이 한없이 더러워집니다. 그것은 테러행위입니다. 관계없는 사람에게 싫은 기분을 줍니다. 그런 짓을 한 사람은 어떤 즐거움을 얻을 수 있는 것일까요?

모두 바이러스를 가지고 있다

왜 지하철 사린가스 사건(1995년 3월 20일, 옴 진리교가 도쿄의 지하철에서 일으킨 무차별 테러 사건.) 같은 무차별 테러가 일어났는가 하면, 모두가 싱글싱글 웃으며 안심하고 행복한 듯이, 회사에 가거나 쇼핑을 하러 가거나 하는 것을 참을 수 없었기 때문입니다. 또는 일신교 등에서는 '신이 원하신 것이다.'라며 아무런 죄가 없는 사람들까지 죽이기도 합니다. 그것도 마키가 일으키는 파괴행위입니다.

보통은 테러리스트까지는 발전하지 않지만 그런 바이러스를 우리 모두 가지고 있다는 것만은 기억하십시오. 사람이 즐거워할 때, 훼방이나 방해를 하고 싶어질 때가 있습니다. 그것은 마키의 씨앗입니다. 바이러스와 세균은 마음에서 잠을 자고 있습니다. 강해지면 대단히 위험해집니다. 파멸의 길로 빠지든, 테러리스트가 되든지, 둘 중 하나입니다.

경시는 사람의 좋은 점을 없었던 것으로 하는 것이다. 다른 생명을 만날 때마다 '어디 결점이 없을까.' 하고 찾는 마음이다. 다른 사람의 좋은 점은 못 본 체하고 어디가 나쁜 걸까, 어디가 잘못된 걸까 하고 결점만 찾는다. 또 나쁜 점을 찾지 못하면 화를 낸다.

다섯째: 경쟁입니다 (팔라시).

직역하면 '기만', '악의' 라는 뜻입니다. 화는 싸우는 것, 상대를 무찌르는 것이 기본입니다. 자신이 이기려고 합니다. 처음에는 도사의 영역입니다.

그러나 이 싸우는 것이 도를 넘으면 '팔라시' 됩니다. 제한없이 계속해서 싸웁니다.

예를 들어 아이가 조금 시끄럽게 군다고 합시다. 그래서 '조금 조용히 해.' 하고 주의를 시킬 때는 도사입니다. 싸움은 그것으로 끝납니다.

그러나 팔라시까지 화가 커지면 끝나지 않습니다. 조금 주의를 시킨 것으로는 성이 차지 않습니다. '시끄럽게 하지 말라고 전에도 주의를 줬잖아.', '몇 번이나 말해야 알겠니.', '공부 좀 해라.' 와 같이 말을 많이 하면서 끝이 나지 않습니다.

말과 행동으로 무조건 계속 싸우려는 것이 팔라시입니다. 흔히 '성이 찰 때까지.' 라고 말하지만, 이 팔라시는 아무리 상대를 공격해도 성이 차지 않습니다. 상대가 패배해도 자손에게까지 이어질 정도로 끝이 나지 않습니다.

회사의 경우라면 경쟁회사를 망하게 하고 그 회사의 사장이 노숙자가 되어도 싸움은 끝나지 않습니다. '저 녀석은 나한테 맞서다 망했다.' 라고 말을 퍼트리거나, 본인에게 '노숙자가 되니 어떻습니까?' 라고 말하며 끊임없이 괴롭힙니다. 그 사장에게 아들이 있다면 아들까지 망치려고 합니다. 그런 '끝나지 않는 싸움' 이 팔라시입니다.

말과 행동으로 무조건 계속 싸우려는 것이 경쟁이다. 흔히 '성이 찰 때까지.' 라고 말하지만, 이 경쟁은 아무리 상대를 공격해도 성이 차지 않는다. 상대가 패배해도 자손에게까지 이어질 정도로 끝이 나지 않는다.

여섯째: 질투입니다 (이스키).

질투는 알기 쉽습니다. 본래 화의 상태입니다. 상대의 나쁜 점을 보고 싶지만 좋은 점이 보입니다. 이때 관심이 자신에게 향합니다. '왜 나한테는 없지?' 라고. 이것이 타인에게 향하면 마키(경시)가 되고, 자신에게 향하면 '이스키(질투)가 됩니다.

여성은 질투를 잘합니다. 마음속으로는 '나는 미인이다.' 라고 믿고 있습니다. 그러나 세상 전체를 보면 '최고의 미인 100명' 안에도 들지 못합니다. 그렇게 되면 질투를 하게 됩니다.

자신이 정성을 다해, 최고급으로 치장하고 멋을 내서 파티에 갔다고 합시다. 그런데 그 파티에 명품 옷과 명품 가방으로 치장한 멋진 스타일의 여성이 나타났습니다. 이것은 별일이 아니지만 '나는 안 돼.' 라고 생각하고 자리를 뜬다면 최악입니다. 이스키가 생길 수 있는 상황입니다.

자신에게 초점을 맞춘다

이스키는 자신보다 뛰어난 사람이 없으면 생기지 않는 화입니다. 그리고 이스키는 자신에게 초점을 맞추고 있습니다. '왜 나는 명품 옷이나 가방이 없을까?', '왜 나는 저 사람처럼 스타일이 좋지 않을까.' 라는 감정이 꼬리를 물고 생깁니다. 여성에게 국한된 일이 아닙니다. 이스키는 남성에게도 있습니다.

누군가와 비교했을 때의 화는 상황에 따라 팔라시(경쟁), 마키(경시), 이스키(질투)로 변합니다.

이스키는 '저 사람에게는 있는데.'가 기본입니다. 자신에게 없는 것이 나쁘다, 불합리하다고 생각하는 터무니없는 감정에서 나오는 것입니다. '저 사람에게는 있는데, 왜 나에게는 없지.', '저 사람에게도 있다면 나에게도 있어야 하잖아.'라는 억지입니다.

그러나 '자신에게 없는 것'을 인정하고 싶지 않습니다. '저 사람이 부를 수 있다면 나도 할 수 있다.', '저 사람처럼 나도 춤을 출 수 있다.', '하지 못할 리가 없다.'라고 생각합니다. 그러나 실제로 현실에서 해보면 하지 못합니다. 원래 할 수 있는 사람은 이런 일로 질투를 느끼지 않습니다.

자신과 비교하려 한다면 우리에게는 대상이 무수히 많습니다. 질투하는 경향이 있다면 대단히 위험합니다. 비교하는 대상이 무수히 많아서 정신이 이상해질 때까지 질투가 커질 가능성이 있습니다. 우리는 어떤 특정한 사람을 질투하는 경우가 많지 않습니까?

그 질투는 증폭되지 않는다고 생각하십니까? 증폭합니다. 똑같은 사람이라도 그날그날 바뀌기 때문에 비교해도 끝이 없습니다. 결국, 질투는 증폭할 수밖에 없습니다.

질투는 자신보다 뛰어난 사람이 없으면 생기지 않는 화이다. 그리고 질투는 자신에게 초점을 맞추고 있다.

일곱째: 인색함입니다 (마차리).

'마차리'는 인색함입니다. 흔히 말하는 '좀스러움'입니다. 자기 것은 자신만 사용하고 싶어 하는 마음은 누구에게나 있습니다. 따라서 마차리는 모두의 마음에 있습니다. 또한, 우리는 산다는 것은 괴로움이기 때문에 괴로움을 숨기는 무언가에 의존하고 있습니다. 집을 짓거나 차를 사거나, 음악을 듣거나 TV를 보거나, 영화를 보거나, 자신의 즐거움을 위해 무언가를 하고 있습니다. 여기까지는 '욕'의 영역입니다.

예를 들어 대형 TV를 할부로 샀다고 합시다. 기왕에 좋은 TV를 샀으니 음향시스템도 더해서 2년 할부로 했습니다. 여기까지는 '욕'입니다. 그 TV를 설치한 순간, 브라운관 TV밖에 없는 이웃이 집에 와서 아주 기뻐하며 새 TV를 즐겁게 본다고 가정합니다. 그때 '내가 고생해서 산 TV를 보고 저 사람은 저렇게 좋아하며 보고 있는 걸까? 마음에 들지 않는군.'이라고 하는 화가 생기면 마차리입니다.

즐거움의 독점

마차리는 '자신의 즐거움을 타인에게 양보하고 싶지 않은 화'입니다. 자신이 손해를 보는 것 같은 기분이 듭니다. 다시 말해 '타인이 즐거워하는 것은 싫다.' 라는 화입니다.

자신의 것을 빼앗긴 기분이 드는 것은 미묘하게 질투와 중복되지만, 표현방법이 다릅니다.

한 예로 일본은 마라톤 대회를 성대하게 개최합니다. 국제대회가 격이 있다고 세계 여러 나라에서 참가선수를 초청합니다. 그런데 외국 선수들이 우승하면 자신들이 고생해서 개최했는데 다른 나라 선수가 우승하고 상금도 가져가는 것을 정말 아쉬워하며 싫어합니다. 마차리는 그런 화입니다.

똑같은 일이 일어나도 화(도사)가 될 가능성도 있고, 질투(이스키)가 될 가능성도 있습니다. 가지고 있는 것을 아무것도 주지 않는 것이 마차리(인색)입니다. 줘도 기분 나쁘고, 주지 않아도 기분 나쁩니다. 인색한 큰 부자는 문을 굳게 닫고 높은 벽에 둘러싸인 집에 삽니다. 물건이 넘쳐나도 쓰지도 않고 만지지도 않습니다. 게다가 그런 이상함을 자각하지 못합니다. 틀어박혀서 어두워지고, 괴로워하며 살아가고 있다는 것을 깨닫지 못합니다.

보시의 정신

풍족함의 기쁨은 그 풍족함을 남과 공유함으로써 생기는 것입니다. 마차리의 사람은 그것을 알지 못합니다.

예를 들어 비디오를 빌려서 혼자서 보는 것보다는 둘이서 교감하며 보는 편이 즐겁지 않습니까? 비록 자신이 돈을 냈다고 해도 친구와 보면 빌린 돈 이상의 즐거움을 얻을 수 있습니다. 진정한 즐거움은 공유함으로써 생깁니다. 이른바 '보시'의 정신입니다. 행복은 거기에서 생깁니다. 인색은 보시의 반대로 대단히 괴로운 것입니다.

마차리의 사람은 공유하지 않기 때문에 자신의 행복이 전부 사라집니다. 콩 한 조각이라도 둘이서 먹으면 기분이 좋습니다. 마음이 밝아지고 즐거워집니다. 아무도 몰래 숨어서 먹으면 초라하고 즐거움을 느끼지 못합니다.

우리는 상대가 원하든 원하지 않던, 의식하지 못해도 어느 정도 여러 가지를 공유합니다. 행복해지고 싶으면 물건은 '공유' 해야 합니다.

덧붙이자면 부부싸움을 해서 신경이 날카로워졌을 때, '오늘은 밥을 해주고 싶지 않다.' 라고 남편에게 말하고, 일부러 맛있는 음식을 만들어 아이와 먹는 것은 마차리(인색)가 아니라 도사입니다.

또 싸우고 싶고 괴롭히고 싶은 마음입니다. 미묘하지만 여기서 설명하고 있는 것은 전부 화의 변형 버전이기 때문에 서로 상관되어 있습니다.

'공유'를 지향한다

인간에게는 〈탐(貪) · 진(瞋) · 치(痴): 생명이 선천적으로 가지고 있는 감정. 각각 '욕(欲)' '화(怒)' '무지(無知)'라는 의미로, 불교에서는 3대 번뇌, 불행의 원천으로 각별히 주의하도록 가르치고 있다.〉 이외에 아무것도 없으며 자신밖에 모릅니다. '산다는 것이 고(苦)'라는 것조차 알지 못하고 살고 있습니다. 그런 사람에게 '공유'는 대단히 중요한 포인트입니다.

예술의 세계는 사람이 기뻐하지 않으면 아무리 능력이 있어도 아무런 의미도 없습니다.

예술가가 유명해지는 것은 얼마만큼 자신의 능력을 많은 사람과 '공유'하고 있는가로 결정됩니다. 고인이 된 미국의 화가 키스 헤링은 뉴욕의 지하철 낙서로 유명해졌습니다. 예술가는 자신의 재능을 모두와 공유해야 합니다. 마차리가 아닙니다. 낙서해도 물론 마키(경시)의 테러행위가 아닙니다. 예술가라면 어떻게 하면 더 아름답게 보일까 하고 장소까지 계산해서 썼을 것입니다.

우연히 'TV는 둘이서 보는 것이 재미있다.'라는 사실을 경험한 사람은 점점 공유하는 기쁨을 늘려가며 기분 좋게 살 수 있을 것입니다. 사람뿐 아니라 자연을 지키는 것도 '공유'이기 때문에 '자연에 친절하자.'라는 마음으로 행동해야 합니다. 물을 오염시키지 않도록, 산이 깨끗해지도록. 예를 들어 쓰레기를 가지고 돌아가는 것도 관점에 따라서는 '공유'입니다. 계속하면 점점 기분이 좋아집니다. '공유'의 반대가 마차리입니다.

인색함은 모두의 마음에 있다. 또한, 우리는 산다는 것이 괴로움이기 때문에 괴로움을 숨기는 무언가에 의존하고 있다. 가지고 있지만, 아무것도 주지 않는 것이 인색함이다. 줘도 기분 나쁘고, 주지 않아도 기분 나쁘다.

여덟째: 반항심입니다 (두바카).

'두바카'의 직역은 '말하기 어려움'입니다. 지도하기 어려운, 가르치기 어려운, '저 사람한테는 좀 말하기 거북하다.'고 하는 느낌입니다. '반항심'이라고 번역한 것은 두바카의 사람은 결과적으로 다른 사람의 말을 받아들이지 않기 때문입니다.

두바카의 삶의 방식은 '자기중심으로 나만의 프로그램, 나만의 방식으로 살아가야지.'라는 것입니다. 사람은 '이것이 내 즐거움이다.'라고 마음대로 프로그램을 만들어서 그대로 살아가려고 합니다.

그러나 실제로 그런 프로그램은 성립하지 않습니다. '산다는 것은 고이다.'라는 사실도 모르고, 갈애(渴愛)와 집착이 있는 것도 모르며, 그저 단순히 자신의 괴로움 때문에 '이렇게 되면 행복할 텐데.'라고 단정하고 있을 뿐입니다. 단순히 단정만 해서는 그대로 될 리가 없는데 말입니다.

완고한 자아

자아가 강하거나, 자신만의 세계에 틀어박혀 있는 사람, 특히 자신이 중요하다고 생각해서 '누가 뭐라고 해도 듣지 않고', '나를 가르치려고 하지 마.'라고 하는 사람 등이 두바카입니다.

그런 자세에 대해서 주위 사람은 '저러면 안 되는데, 고생할 텐데.' 라고 이것저것 조언을 하지만 두바카의 사람은 받아들이지 않습니다. 가르치기 어렵습니다.

마약이 '즐겁다.' 라고 생각하는 사람 본인은 정말 즐겁다고 생각합니다. 주위에서 '안 된다.' 라고 주의를 줘도 '가르치려 하지 마.' 라는 태도를 보입니다. 학교의 학생들도 마찬가지입니다. 화가 나서 반항적으로 되면 '시끄러워, 잔소리 좀 그만해.' 라는 태도입니다.

커뮤니케이션의 거부

자아가 경직되면 '화' 가 생깁니다. 왜냐하면, 살아가는데 보거나 듣거나 하지 않으면 안 됩니다. 그래서 산다는 것은 세상과의 커뮤니케이션이라고 하는 것입니다.

그러나 두바카의 경우는 커뮤니케이션을 거부하려 합니다.

하지만 비록 거부해도 커뮤니케이션을 하지 않으면 살아갈 수 없습니다. 보지 말자, 듣지 말자, 생각해도 아무것도 보지 않고 듣지 않고 살아갈 수는 없습니다. 학교에 가면 싫어도 수업을 받아야 합니다. 그래서 화를 낼 수밖에 없습니다. 거부하는데 커뮤니케이션을 강요당하는 화를 계속 지니고 있는 것입니다. 수업 중에도 계속 화를 품고 있는 것입니다.

종교에 관해서 그다지 공부하지 않는 우리 사회에는 '나는 종교가 싫다.'라고 하는 사람이 꽤 많습니다. 이것도 화입니다. 잘못된 종교라고 해도 종교를 믿는 사람이 주위에 많으니, 그들을 볼 때마다 화를 내게 됩니다.

배움을 거부하지 마라

인간은 태어난 이상 배워야 합니다. 동물도 배웁니다. 동물은 부모에게 배우고 배운 만큼 오래 생존할 수 있습니다. 인간의 경우는 독, 뿔, 어금니도 없고 몸도 약한 생물입니다. 태어나면서 지닌 능력이 없어서 배우면서 보충할 수밖에 없습니다. 그래서 배우지 않으면 안 됩니다. 실제로 우리는 코브라처럼 독을 가지고 있지 않지만, 코브라보다 많은 사람을 죽일 수 있습니다. 인간은 태어나면 갖지 못한 능력을 배우고 획득하면서 성장하고 있습니다.

동물도 공격하거나 싸우지만, 적을 말살시키려고 하지 않습니다. 개의 경우를 보더라도 싸움에서 진 개가 배를 보이면 싸움은 끝이 납니다. 이긴 쪽이 '내가 더 세지? 자, 그러니 이젠 사이좋게 지내자.'라며 더 이상 싸우지 않습니다. 그러나 인간은 배움을 통해 동물이 할 수 없는 일을 할 수 있습니다. 나쁜 능력으로 말하면, 인류뿐 아니라, 지구조차 파괴할 만큼 힘을 가지고 있습니다. 좋은 능력으로 말하면 자연을 지키는 것, 도와주는 것, 보시 등입니다. 이것들 모두 배우기 때문에 가능한 일입니다.

좋은 면을 배우면 큰 선행도 가능해집니다. 지구를 파괴하려고 하는 인간이라도, 좋은 면으로 배우면 지구를 천국처럼 행복하게 할 수가 있습니다. 그러나 어느 쪽이든 배울 필요는 있습니다.

우리는 태어난 날부터 배워나가지만, '반항'이라는 화의 씨앗이 두바카로 바뀌면 끝입니다. 아무것도 배울 수 없습니다. 두바카는 인간에게 큰 위협이 되는 화입니다. 두바카가 된 시점부터 인간으로서의 성장은 멈춰버립니다.

깨달음에서 가장 먼 사람

석가는 "누구나 깨달음을 얻을 수 있습니까?"라는 질문에 "말하는 것을 그대로 듣는 사람. 자신의 나쁜 점, 좋은 점을 솔직하게 말해주는 사람. 그 두 가지 조건을 충족한 사람이 나에게 오면 2~3주 안에 깨달을 수 있도록 지도할 수 있습니다."라고 말한 적이 있습니다. 처음의 '그대로 듣는 사람'은 두바카의 반대입니다. 또 '자신의 일을 솔직하게 말하는 사람'이라는 것은 마키의 반대입니다. 즉 두바카가 있으면 어떻게 할 수 없다는 말입니다. 석가조차도 깨달음을 얻게 만드는 것은 불가능합니다. 다른 사람은 말할 필요도 없습니다.

수업중이나 일상생활, 강연회에서도 '다른 사람의 말은 들을 필요 없다.'라고 생각하면 머리에는 아무것도 들어오지 않습니다. 행복해지는 법이 적혀 있는 책이 있어도 펼쳐보지도 않지 않습니까? 모든 정보가 그 사람에게 닫힙니다. '어떤 것에서도 무언가를 배울 수 있다.'라고 생각하지 않으면 성장은 무리입니다.

인간이라면 누구나 깨달을 수 있도록 지도할 수 있다고 말한 석가도 두바카라면 실격입니다. 얼마나 무서운 화인가 하는 말입니다.

자아로 가득 찬 껍질

두바카의 사람은 딱딱한 껍질로 둘러싸인 쇠구슬 같습니다. 그 속으로 아무것도 들어가지 못합니다. 속이 텅 비어 있다면 무언가 들어가지만, 속까지 자아로 가득 차 있는 상태입니다. 인생은 이미 막다른 골목. 이제는 기껏해야 마음을 파괴하고 자신을 파괴할 뿐. 더러운 것이 쌓여갈 뿐입니다.

죽은 후에 천국에 가는 것조차 어렵습니다. 천국에서 태어나기 위해서라도 다른 사람에게 배워야 하지 않을까요? 어떤 사람이 되어야 하는지, 무엇을 하면 좋을지, 다른 사람들에게 물어봐야 합니다. 하지만 두바카는 배우지 않기 때문에 아무것도 익힐 수 없습니다.

반항심과 탐구심의 차이

우리도 공부하는 과정에서 반항심이 많이 생깁니다. '그렇게 말하지만 좀 다르지 않나?' 라고. 그것은 진실을 알고 싶다, 배우고 싶다는 마음입니다. 선생님과 자신의 의견을 비교해서 '아, 역시 선생님이 맞다.' 라고 생각하기도 합니다.

그런 반항심은 문제가 없습니다. 도전하는 마음, 무조건 받아들이지 않고 탐구하는 마음, 이것은 반항심과 닮았지만, 두바카와는 다릅니다. 기본적으로 '배우고 싶다.', '발전하고 싶다.' 라는 마음입니다. 진실을 추구하는 탐구심입니다.

아무리 시간이 흘러도 사람은 완벽해질 수 없는 존재입니다.

따라서 우리는 다른 사람에게 배우고 다른 사람의 지도를 받아서 성장해야 합니다. 타인에게서의 배움은 죽을 때까지 지속되어야 합니다. 그러나 다른 사람에게 해야 할 일을 이것저것 지적받으면 받아들이기 어렵고 거부반응이 생깁니다. 그것은 '화' 의 감정이니 조심해야 합니다.

반항심은 지도하기 어려운, 가르치기 어려운, '저 사람한테는 좀 말하기 거북하다.' 고 하는 느낌이다. 반항심은 자아가 강하거나, 자신만의 세계에 틀어박혀 있는 사람, 특히 자신이 중요하다고 생각해서 '누가 뭐라고 해도 듣지 않고', '나를 가르치려고 하지 마.' 라고 하는 사람 등이다.

아홉째: 후회입니다 (쿠쿠카).

'쿠쿠카'는 '후회'입니다. 후회라는 것은 자신을 향한 것입니다.

'더 공부했어야 했다.', '돈이 있었을 때 저축을 해둬서 다행이다.' 등과 같이 과거에 대해서, 즉 '한 일, 하지 않은 일'에 대해서 망상하는, 기분이 나빠지는 것이 후회입니다.

후회도 '화'입니다. 죄입니다. 과거에 한 일과 하지 않았던 일에 머물러 있으므로 그 사람은 앞으로 나아가지 못합니다. 실패를 떠올릴 때마다 발걸음이 멈추고, 앞으로 나가는 속도가 떨어집니다. 과거의 실패에 머물러, 정신적으로 멈춰버립니다. 눈앞의 일은 아무것도 보이지 않습니다.

그러나 육체와 마음은 '무상'으로 변하고 있습니다. 멈춰선 채로 썩어갑니다. 시간이 정지한 것 같은 느낌으로 멈춘다면, 나이도 먹지 않고 고마운 일이지만, '무상'이기 때문에 그렇지 않습니다.

후회란 실패를 떠올리는 일입니다. 성공을 떠올리는 것은 쿠쿠카가 아닙니다. 그리고 후회의 감정에 휩싸인 순간에 행동은 멈춥니다. 아무것도 하지 못한 채, 몹시 나쁜 기분인 채, 성장이 멈춥니다.

후회는 죄를 크게 한다

후회하면 죄가 커집니다. 죄를 저질렀다면 그것은 분명히 실패입니다.

하지만 그때 과거를 떠올리고 '나쁜 짓을 했다. 도대체 왜 그랬을까.' 라고 후회하면 죄를 재생하는 것이 됩니다.

죄를 저질렀다면 '더 이상 앞으로 실패하지 말자. 죄를 저지르지 말자.' 라고 생각하는 것이 옳은 것으로 '아, 도대체 무슨 짓을 한 거야. 난 틀려먹은 인간이다.' 라고 후회하고 멈추면 죄가 점점 증식 · 배양되어 버립니다.

우리는 근본적으로 화를 내는 성질로 태어났습니다. 화는 함정입니다. 어떤 화라도 빠져버리면 너무나 벗어나기 어려운 함정입니다. 세심하게 신경을 쓰지 않으면 안 되는 지뢰밭입니다. 화는 나쁜 에너지로, 나쁜 에너지가 계속해서 같은 화를 만들기 때문입니다.

끝이 없는 망상

'잘못했다. 실패했다. 터무니없이 바보 같은 짓을 했다.' 라고 후회하는 경우, 실제로 '저지른' 일이기 때문에 몇 번이고 되풀이해서 떠올립니다. 한 번 생각할 때마다 기분이 나빠집니다.

나쁜 기분으로 밝은 사고는 할 수 없습니다. 그런 상태일 때, 손쉽게 하는 행동은 '다시 한번 후회하는 것'입니다. 다시 한번, 후회하면 더 나쁜 기분에 빠집니다. 또한, 밝은 사고를 가질 수 없게 됩니다.

쿠쿠카도 질투나 경시의 경우와 마찬가지로, 망상이 들어 있습니다. 이성은 작용하지 않습니다. '망상'으로 후회합니다. 과거는 존재하지 않습니다. 과거에 일어난 일이지만 지금, 이 순간에는 없으므로 실재하지 않습니다.

망상은 같은 감정이 하기 쉽기 때문에 일단 후회하면 계속 반복해서 후회합니다. 결국에는 후회한 일도 후회합니다. 악순환에 빠져버립니다.

그리고 후회하는 사람은 거기서 인생이 멈추고, 그곳에 멈춰서 부패해갑니다.

이처럼 기질이 나쁜 쿠쿠카이지만 앞의 반항심(두바카)의 사람보다는 낫습니다. 누군가 엄한 사람이 호되게 혼을 내서 어떻게든 고쳐야만 합니다.

절대로 성장할 수 없는 사람이 두바카의 사람입니다. 쿠쿠카의 사람은 죄를 저질러도 특사로 감형될 수 있는데 사형될 때까지 죄를 증폭시키는 사람입니다. 그러니 계속해서 후회하는 것은 대단히 위험하다는 것을 이해하고 주의할 필요가 있습니다.

후회란 실패를 떠올리는 일이다. 성공을 떠올리는 것은 후회가 아니다. 그리고 후회의 감정에 휩싸인 순간에 행동은 멈춘다. 아무것도 하지 못한 채, 몹시 나쁜 기분인 채, 성장이 멈춘다.

열째: 격노입니다 (비야파다).

비야파다는 '격노'입니다. 도사 바로 그 자체입니다. 도사가 도를 넘은 '격노'입니다. 화의 레벨이 너무나 올라가서 어떤 행동을 일으키는 상태입니다. 화가 일으키는 행동은 사람을 파괴합니다. 타인을 불행하게 만들고 싶은 데까지 확대된 화입니다.

실제로 행동하는가 하는 여부가 아니라 죄는 마음속에 있습니다. 파괴하고 싶다, 죽이고 싶다, 때리고 싶다, 앙갚음하고 싶다는 생각입니다. 괴롭힘도 정신적인 파괴입니다. 물리적 정신적으로 타인을 파괴하고 싶다고 생각하는 것입니다. '어떻게 앙갚음을 하면 좋을까?' 하고 생각하는 것도 비야파다입니다.

이상한 화

비야파다는 십악(十惡: 살생, 투도, 사음-사악한 행위. 망어, 기어, 악구, 양설, 탐욕-이상한 욕. 진에-이상한 화. 사견)을 '이상한 화'라고 풀이하고 있습니다. 이상한 화라는 것은 분명한 원인이 없는 화입니다.

예를 들어 차를 마시고 싶어서 준비하고 있을 때, 어떤 사람이 갑자기 '마시게 하고 싶지 않다.'라고 방해를 해서 찻잔을 떨어뜨리게 했다고 합시다. 뜨거운 물이 넘쳐서 심하게 화가 났

다고 합시다. 이런 경우라도 화를 내는 것은 나쁘지만, 원인이
있습니다. 하지만 '이상한 화'의 경우는 이런 분명한 원인이 없
습니다. 정신적인 병입니다.

대량학살의 감정

이유 없이 그저 화를 내기 때문에 얼마든지 화를 낼 수 있습
니다. 큰 해를 주려고 생각하는 사람들에게 있는 것이 이상한
화입니다. 원자폭탄을 개발하거나, 이유 없이 '모든 걸 파괴하
겠다.'라고 생각하는 그 마음이 이상한 화입니다. 실행에 옮기
지 않는 것은, 사람을 파괴하면 자신도 당한다는 걸 알고 있으
므로 실행에 옮기지 않을 뿐입니다. 만약 구소련이 원자폭탄을
개발하지 않았다면 어쩌면 지구는 사라졌을지 모릅니다. 구소
련이 정밀 로켓이나 원자폭탄을 가지고 있지 않았다면 미국은
원자폭탄을 사용할 수 없었습니다. 미국은 소련에 대한 데몬스
트레이션을 위해 아무렇지 않게 일본에 원자폭탄을 투하한 나
라이기 때문입니다.

그러나 목적은 이기는 것이 아닙니다. 이기기 위해서라면 원
자폭탄까지 사용할 필요가 없었습니다. 누구도 원자폭탄으로
싸우려고 생각하지 않을 것입니다. 그저 '내가 강하다.'는 사실
을 보여주기 위해서일 뿐입니다.

인류가 히로시마와 나가사키 이외에 원자폭탄을 떨어트리지 않았다고 해서 '인간이라는 존재는 잘못을 반성하고 진화하고 있다. 인간은 위대하다.'라고 할 수 없습니다. 반성했다면 더 이상 원자폭탄은 만들지 않을 것입니다. 히로시마, 나가사키에 떨어트린 것은 갓 만든 초기 원자폭탄입니다. 그 이후로는 사용하지 않았지만, 대량의 핵무기를 만들어왔습니다. 조금도 반성하고 있지 않습니다.

비야파다는 대량 혹은 무차별적으로 파괴하려는 마음입니다. 개인에 대한 파괴도 비야파다이지만 이유가 있는 경우는 다릅니다.

자신을 지킨다는 것은?

정당방위라는 말이 있습니다. 상대방이 자신을 죽이려고 해서 자신을 지키기 위해 취한 행동으로 상대가 죽은 경우는 어떻습니까? 이 경우는 비야파다라고 하지 않습니다. 계획을 세워서 죽인 것이 아니기 때문입니다.

사실 사람을 죽이는 것보다 자신이 죽는 편이 좋습니다. 어차피 누구나 죽기 마련이니 사람을 죽인 죄를 뒤집어쓰고 죽을 필요는 없습니다. 아무리 자신을 지키기 위해서라고 해도 어차피 언젠가는 죽을 생명을 끝까지 지킬 수는 없습니다.

그래서 '자신을 지킨다.' 라는 것은 사실 '죄를 저지르지 않는 것' 입니다. '자신을 지키는 것은 생명을 지키는 것이다.' 라는 것 역시 억지입니다. 자신이 죽임을 당할 지경에 이르면 '예, 마음대로 하세요. 나는 공격하지 않겠습니다.' 라고 하는 편이 자신을 지키는 것이 됩니다. 그렇게 마음을 고쳐먹으면 상대를 공격할 수 없습니다. 공격할 마음이 사라집니다.

이유 없는 화

정신적으로 문제가 있는 사람과 이야기를 하면 비야파다의 움직임을 알 수 있습니다. 흉포해져서 부모도 '죽이고 싶다.', '때리고 싶다.' 라고 생각합니다. '왜 당신은 부모를 죽이고 싶습니까?' 라고 물어보면 '계단을 오르는 소리가 시끄러워서.' 또는 '음식을 만드는 소리가 시끄러워 참을 수가 없어서.', '함께 생활하는 게 참을 수 없어서.' 라고 말합니다. '자, 그럼 왜 죽이지 않았죠?' 라고 물으면 '나는 음식을 만들 수 없고, 밥을 먹지 못할 테니.' 라고 대답합니다. 병이기 때문에 어쩔 수 없지만, 전혀 이유가 되지 않습니다. 그것이 비야파다입니다.

병이 있는 사람의 경우를 제외하고, 우리도 '앙갚음하고 싶다.', '공격하고 싶다. 괴롭히고 싶다.' 라는 마음이 있어서, 때에 따라 비야파다와 비야파다가 아닌 양쪽을 오갑니다. 어떤 이유가 있어서 '혹시 괴롭히면 반성을 할까.'라고 생각해서 계획하는 경우는 비야파다가 아닙니다. 그렇지 않고 이유도 없이 그저 생각하는 경우에는 끝이 없으므로 비야파다입니다. 비야파다의 경우도 그저 생각하는 망상의 세계이기 때문에 멈추지 않고 끝까지 화가 증식합니다.

격노는 화의 레벨이 너무나 올라가서 어떤 행동을 일으키는 상태이다. 화가 일으키는 행동은 사람을 파괴한다. 타인을 불행하게 만들고 싶은 데까지 확대된 화이다.

10가지 화

누구에게나 10가지의 화, 모두가 있습니다.

그러나 항상 나타나서 활동하는 것이 아니라 잠재해 있습니다. 아주 작은 계기로 괴물이 눈을 뜰 염려가 있습니다.

단순히 '기분이 나쁜' 경우는 도사(화)입니다. 거기에 어떤 원인이 더해지면, 다른 '도를 넘은' 화입니다.

예를 들어 기분이 나쁜데 거기에 누군가를 공격하고 싶은 기분이 더해지면 10번째로 든 비야파다가 되는 식입니다.

먼저 이 10가지의 데이터를 확실히 이해하고 머릿속에 넣어 두십시오. 처음에 말한 범인 찾기의 예로 말하면 '어느 장소에 이런 모습의 사람이 있다.' 라는 정보가 구체적일수록 범인을 찾기 쉽습니다. 화도 마찬가지입니다. 종류별로 확실히 이해하면 마음을 관찰했을 때 바로 발견할 수 있습니다. 이제는 손쉽게 화를 찾아낼 수 있을 것입니다.

> 10종류의 화를 자신은 얼마나, 또 어떤 화를 가지고 있으며, 자신의 생활 속에서 '아, 지금 이런 화가 생겼다.', '이런 기분이 들었다.' 라고 분명하게 마음으로 깨달을 수 있도록 해야 한다.

5
화의 대처법

화를 대처하는 데에는 빨리 깨닫고 빨리 지우는 것이 포인트입니다.

빨리 깨닫는 편이 좋은 이유는 화재와 똑같습니다. 화가 조정 불가능한 상태로 높아지기까지 뒷짐을 지고 있어서는 안 됩니다.

우리는 대부분 화가 나서 금방이라도 상대를 때릴 듯한 상태가 되고 나서야 화를 내고 있다는 것을 깨닫습니다.

하지만 그때는 이미 늦습니다.

심하게 화가 난 상태라면 적절한 대처로 화를 멈춘다고 해도 가라앉을 때까지는 2~3분, 혹은 진정될 때까지는 하루나 그 이상 시간을 요구하는 경우가 있습니다.

화를 대처하는 데에는 빨리 깨닫고 빨리 지우는 것이 관
건이다.

6
화가 커지는 것을 억제한다

＊

　부부싸움 등에서는 서로 욕을 하면 진정되기는커녕 더욱더 심해지는 경우도 있습니다. 흔히 볼 수 있는 광경이 남편이 '이젠 당신 얼굴은 보기도 싫어, 나가버려.' 하고 말하는 경우입니다. 그런 경우는 상대가 그런 폭언을 내뱉는 것을 기다렸다는 듯이 바로 나가버리면 괜찮습니다.

　나가서 화가 어느 정도 진정되면 생각도 진정됩니다. '내가 남편의 말을 잘 듣지 않았던 건지도 몰라. 남편도 일 때문에 피곤한데 화내는 것도 무리가 아니야.' 라고 생각하면 '미안함' 으로 끝날 것입니다.

　만일 마음이 진정되어 집에 들어간다고 해도 남편의 화가 하루 만에 풀리지 않았을 때에는 다른 곳에서 지내는 것도 괜찮습니다. 아직 젊다면 친정집에 가는 것도 가능할 것입니다. 그렇지 못한 경우라면 남편이 나가면 됩니다.

먼저 화를 빨리 깨닫고 빨리 지워야 한다. 때로는 하루가 지나도 화가 진정되지 않는 경우가 있지만, 우선은 화가 커지지 않도록 멈추는 방법밖에 없다.

7
밝기가 줄어든 것을 깨닫는다

✹

어떻게 하면 화를 깨달을 수 있을까요?

불은 화재가 되기 전의 작은 불씨를 발견하고 끄면 재해까지 커지지 않습니다.

그럼 화의 징후는 무엇일까요?

'명랑함이 줄어드는 것'이 징후입니다.

도사의 경우, 호텔 방의 조명을 예로 들어 설명했습니다. 조금이라도 마음의 조명이 어두워지면 '화의 세균이 침입했다.'고 깨달으십시오. 조명과 다른 점은 밝기가 사라지면 새카만 어둠이 아닌 새빨간 화가 생긴다는 점입니다. 조금이라도 어두워지면 '화가 침입했다.'라고 깨달으십시오. 정확하게 말하면 화의 초기 단계에서는 밝기가 사라지고 '나쁜 기분', '싫은 느낌'이 생깁니다. '왠지 기분이 나쁘군.'이라고 빨리 깨닫는 편이 좋습니다. 그 단계라면 1분 이내에 고칠 수 있습니다. 또 깨달는 데에는 관찰이 필요합니다.

화를 깨닫기 위한 관찰 재료로 2가지를 생각할 수 있습니다.

간단하게 깨닫는 첫 번째는 타인입니다. 타인에게 들은 말과 행동을 통해 화났다고 생각하는 것입니다.

그리고 두 번째 관찰 재료는 화난 것은 자신이라는 점입니다.

후자는 인정하고 싶지 않을 것입니다. 타인에게 무슨 말을 듣든지, 그것에 화를 낸 자신에게 원인이 있다고는 인정하고 싶지 않은 것입니다. 그러나 자기 멋대로 세계를 조절하려는 것은 큰 망상에 지나지 않습니다.

> 평소에 '자신'을 관찰하는 습관을 가져야 한다. 세상을 가르치고, 세계를 바꾸는 것은 현실적으로 불가능하다. 그러나 자신을 바꾸고, 조절하는 것은 그럴 마음만 있으면 간단하다.

8
관찰 대상은 자신의 마음

✳

'질투도 화'라고 앞에서 이야기했습니다. 질투는 10가지 중 여섯 번째 화인 '이스키'입니다. 질투의 경우는 질투하는 타인을 본 것만으로 자신은 냉정해질 가능성이 있습니다.

예를 들어 아는 사람 중에 대단히 질투심이 많은 사람이 있는 경우, 질투는 그 사람을 통해서 관찰할 수 있습니다. 그리고 남의 일이기 때문에 편안하게 '역시 질투가 많으면 좋지 않구나.'라고 느끼는 정도만으로, 질투하지 않는 마음을 키울 수 있습니다. 그러나 화는 그렇게 간단하게 없앨 수 있는 것이 아닙니다. 타인을 관찰하면 '타인이 나쁘니 내가 화를 내는 거잖아.'라고 하는 '자신은 올바르고, 타인이 잘못됐다.'고 하는 무서운 주관에도 빠질 수 있습니다. 그것은 화를 없애는 작업이 아니라 화를 정당화해서 마음속 깊이 뿌리내려 키우는 것이 됩니다.

그래서 어디까지나 자신의 속에 있는 화를 계속 관찰하기 바라는 것입니다.

그리고 '화를 관찰' 하는 것은 '화와 싸우지 말라' 라는 말입니다. '화를 없애야지.' 라고 생각해서는 안 됩니다. 화를 없애려고 하는 마음도 화입니다.

> 화는 지혜로 없어진다. 화는 이해함으로써 없어지는 것이지 싸워서 없어지는 것이 아니다. 싸우면 싸울수록 화의 불길은 더 맹렬히 타오른다. 화를 화로 대처하면 자신이 화염에 휩싸여 사라질 뿐이다.

9
화를 없애려 하지 않는다

❋

화를 없애려 하지 마십시오. 화를 없애려 하면 오히려 화가 더 치솟는 경우도 있습니다. 그래서 오히려 정지합니다.

예를 들어 누군가와 이야기를 하고 있는데 자신도 모르게 화가 났다고 합시다. 그때에는 '아, 화를 내버렸다. 잠깐만.' 이라고 자신의 마음에 적신호를 보이고 정지시킵니다. 순간적으로 끓어올랐던 화라면 2~3초 만에 사라집니다.

이 '멈춘다.' 라고 하는 것은 이성을 바탕으로 한 행동입니다.

사람은 모두, 화가 치밀어 오르면 무턱대고 행동적으로 됩니다. 평소에는 행동적이지 않던 사람도, 게으른 사람도, 화가 나면 행동적으로 되어버립니다. 이것은 방사선에 노출되는 것보다 더 위험합니다. 이 진리는 거의 알려지지 않았기 때문에 '화가 나면 멈춘다.' 라고 알려줄 필요가 있습니다.

이처럼 화를 내버리면 자신과 싸울 필요도 없고 상대를 공격할 필요도 없습니다. 그대로 몸을 멈추십시오. '화가 나면 멈춘다.' 라는 것은 가장 편한 방법입니다.

만약 1분 동안 멈춰 있어도 여전히 화가 치밀어 오르면 호흡을 세는 것도 좋습니다. 천천히 '1, 2, 3, 4, 5'를 세면서 크게 숨을 들이마십니다. 이어서 '1, 2, 3, 4, 5'를 헤아리면서 크게 내쉽니다. 헤아림으로써 마음을 멈추기 때문에 10회 정도 반복하면 감정은 사라질 것입니다. 그런 다음 다시 이야기를 계속하면 됩니다.

간단하게 말하면 '흥분되면 진정하라.' 라는 말입니다. '진정' 이라는 것은 '멈추라.' 라는 것입니다. 부디 화와 싸워서 그 화에 연료를 제공해서는 안 됩니다.

> 화를 내버리면 자신과 싸울 필요도 없고 상대를 공격할 필요도 없다. 그대로 몸을 멈추면 된다. '화가 나면 멈춘다.' 라는 것은 가장 편한 방법이다.

10
지름길은 지혜의 개발

 사실을 말하자면 '지혜의 개발'이 화를 극복하는 지름길입니다.

 그러나 세상은 뒤죽박죽이기 때문에 '지혜의 개발이야말로 가장 어렵습니다.' 환각이나 고정관념이나 선입관과 같이 모든 망상 관념에 빠져 그것이 바르다고 생각하고 있습니다.

 우리의 머릿속에는 화, 질투, 욕 등의 감정을 극복한 적도 없는, 세속적인 것을 높게 평가하는 사고로 가득 차 있습니다. 현상을 꿰뚫어 본 적이 없는, 산다는 것이 어떤 것인지 발견한 적도 없는 사람들의 생각은, 세속의 현상은 그대로 사실이며 진리라는 전제하에 받아들인 것입니다. 속세의 여러 가지 개념에 사로잡히는 것은 '신기루'가 '물'이라고 믿고 있는 것과 같습니다.

 신기루를 '물'로 생각하고 누가 뭐라고 해도 사막을 달려가

는 사람이 있다고 합니다. 신기루의 구조를 알고 있는 사람이
그 사람을 보면 "그것은 빛의 굴절이지 물이 아닙니다."라고 가
르쳐주고 싶을 것입니다. 사막에서 신기루를 보고 '뛰어들기
위해' 달려가도 오로지 괴로움뿐이라는 것을 알기 때문입니다.

달려도 달려도 신기루는 멀기만 합니다. 그곳에는 물이 없습
니다. 결국, 불행에 빠지거나 죽어버립니다.

신기루의 구조를 알고 있는 사람은 신기루에 뛰어들려고 하
지 않습니다. '꽤, 재미있군.' 하고 즐겁게 신기루를 관찰할 수
있는 인간이 됩니다.

또 하나, 지혜로운 사람은 어떤 일이 일어났을 때 현장에서
행동으로 보여주는 사람이기도 합니다. 막상 어떤 일이 닥쳤을
때의 행동으로 지혜가 있는지 없는지 판단할 수 있습니다.

예를 들어 아이가 말을 잘 들을 때는 다정한 어머니가 말을
듣지 않게 된 순간 격노한다면 그 어머니에게는 지혜가 없습니
다. 아이가 실패했을 때야말로 진정으로 지혜롭고 다정한 어머
니인지 아닌지를 알 수 있습니다.

그래서 지혜를 키워야 합니다. 지혜를 키우는 데 중요한 것
은 '아는 체하지 않는다.' 입니다. 자신의 마음에 대해서, 감정
에 대해서, 화에 대해서, '나는 모른다. 그래서 배운다.' 라는 태
도가 좋습니다.

『법구경』에 "나는 안다고 말하는 사람은 어리석은 사람으로
끝나며, 나는 모른다고 말하는 사람은 현자가 된다."라는 말이

있습니다. 어리석은 사람이 '나는 현자다.' 라고 생각하고 있다면 마지막까지 어리석은 사람인 채로 남습니다.

지혜를 키우는 데 중요한 것은 '아는 체하지 않는다.' 이다. 자신의 마음에 대해서, 감정에 대해서, 화에 대해서, '나는 모른다. 그래서 배운다.' 라는 태도를 가져야 한다.

가장 진지하게 '화'를 배운다

✳

화를 극복하기 위해서는 먼저 화를 이해하는 것이 필요합니다. 이해하기 위해서는 의학보다, 경제학보다, 물리학보다, 무엇보다 진지하게 '화'에 대해 공부할 필요가 있습니다. 그것은 자신의 인생에 빼놓을 수 없는 공부가 되기 때문입니다.

의학이나 경제학이나 물리학 등을 배울 때 모두 필사적이지만, 그 지식이 인생에 불가결한 것이라고 단언할 수 없습니다. 그런 지식이 없어도 살아갈 수 있습니다. 그러나 산다는 것은 마음의 움직임입니다. 마음의 움직임을 전혀 모른 채 행복하게 살 수 있다고 생각하는 것은 운전을 배운 적이 없는 사람이 프로 운전기사처럼 운전할 수 있다고 생각하는 것과 마찬가지입니다. 그런 사람이 운전하면 차가 제대로 가기는커녕 사고를 일으켜서 자신과 타인에게 피해를 줄 것입니다.

우리는 산다는 것의 면허를 따지 않고 살아가고 있습니다.

당연히 많은 사고가 납니다. 어떤 지식보다 진지하게 마음에 관한 진리를 배워야 하는 이유입니다.

화를 극복하기 위해서는 먼저 화를 이해하는 것이 필요하다. 이해하기 위해서는 의학보다, 경제학보다, 물리학보다, 무엇보다 진지하게 '화'에 대해 공부할 필요가 있다.

3장

인격을 완성시키는 인생론

궁극의 진리를 이해한다

산다는 것은 거대한 모순이라고 했습니다. 하나하나의 모순을 깨달으면 그것으로 안정이 됩니다. 변변찮은 일에 연연해서 울고불고 화로 분노하는 일은 없어집니다. 무슨 일이 생겨도 '아, 그래?' 라고 별일 없이 지나 보냅니다. 하지만 보통은 그렇지 못합니다. 그래서 우리는 화를 극복하기 위한 새로운 '인생론' 을 만들어야 합니다. 바른 인생론을 만드는 것입니다. 화를 극복하기 위한 첫 번째 인생론은 이미 말했습니다. 그것은 화를 이해하는 것이자 지혜를 개발하는 것입니다. 지혜는 만병통치약으로 모든 것을 해결합니다.

또 한 가지 다른 관점에서 본 인생론을 이야기하겠습니다. 모두 궁극적인 진리에서 발생하는 사고방식입니다.

생명의 성립 과정을 거슬러 올라간다

'산다는 것은 감각' 이라는 말을 처음에 했습니다. 감각이 있으므로 '보고', '듣고', '맛보고', '냄새 맡고', '몸으로 느끼고', '마음으로 생각하는' 6개의 기능이 성립하는 것입니다.

귀에 감각이 있으므로 '들리는' 것입니다. 그리고 '들린 것은 이런 이야기였다.' 라고 머리로 인식합니다.

'생각한다.' 는 것은 무언가 느끼지 않으면 성립하지 않습니다. 무언가 생각하기 전에 먼저 느끼는 것입니다. 청각은 청각이 생기기 전에 이미 소리를 느끼고 있습니다. 그래서 우리는 실패하는 것입니다.

'내' 가 범인

무엇을 실패하는가 하면 귀로 소리를 들었다면 '나는 들었다.' 라고 합니다. 보거나 듣거나 맛보거나 느끼는 과정에서 항상 '내가 들었다', '내가 보았다.' 라고 합니다.

이 '나' 라고 하는 것이 범인입니다.

자라면서 '나' 가 강해진다

아기일 때에는 '나'라는 말은 가지고 있지 않지만, '나'라는 실감만은 있습니다. 이윽고 말을 배우면 항상 '나'라는 말을 사용하면서 생각합니다. 또한, 공부하고 머리가 커지면서 '나'라는 것이 '실제로 있다.'라고 생각하게 됩니다. '자신이라는 고귀한 것이 있다.'라고 생각하는 것입니다. 크는 과정에서 점점 머리가 나빠져서 자아를 주장하게 되거나 이윽고 자기 마음대로 행동하게 됩니다.

'나'를 비대화시키는 방법으로는 공부할 때마다 머리가 나빠질 뿐입니다.

결과적으로 나쁜 짓을 하거나 죄를 저지르거나 혐오스러운 인간이 되어 갑니다.

'나'는 개념에 지나지 않는다

볼 때마다, 들을 때마다, 무언가를 느낄 때마다 '나'라는 실감이 생깁니다. '내가 본다.', '내가 듣는다.', '내가 맛을 본다.'라고 생각합니다.

그러나 그것은 언어로, 단어 상에서, 느낄 때마다 '나'라는 실감이 생기는 것입니다. 즉 '그저 개념에 지나지 않을 뿐'입니다.

언어는 우선 개념이 앞에 있고 나중에 음을 붙이는 구조입니다. 언어는 얼마든지 교체 가능합니다. 가령 '나' 대신에 'X가 보고 있다.', 'Y가 듣는다.', 'Z가 맛을 보고 있다.' 라고 말할 수 있습니다.

'나' 는 일관적이지 않다

개념이라는 것은 꼬리를 물고 연속해서 생기는 것입니다.

우리는 살면서 여러 가지 소리를 듣습니다. 그리고 소리로 인해 '자신' 이라는 실감이 바뀝니다.

예를 들어 모두가 '아름다운 음악' 이라고 말하는 음악을 들으면 '아, 나는 즐겁다.' 하고 '즐거운 자신' 이 됩니다.

반대로 강렬한 소음이나 구급차 소리, 고함 소리 등의 소리를 들으면 '나는 기분이 나쁘다.' 라고 생각합니다. 즉 소리에 의해 '나' 의 내용이 바뀝니다.

다시 말하면 'X가 음악을 듣고 있다.', 'Y가 소음을 듣고 있다.' 라고 말해도 괜찮은데, 우리는 '나=X=Y' 로 생각하는 것입니다.

그러나 X와 Y의 의미가 다릅니다. X=즐거운 감각, Y=싫은 감각입니다. 'X=Y=나' 가 되지 않습니다.

'나' 라는 개념은 성가신 존재

예를 들어 '세상에 태어나서 꽤 많은 소리를 들어 왔다.' 라고 생각해도, 실제는 소리를 들을 때마다 '나'의 내용이 바뀝니다. 나라고 하는 이름표를 붙인 용기에 물을 넣거나 물을 기름으로 바꾸거나, 주스로 바꾸거나, 황산으로 대체하거나, 또는 다른 수많은 것으로 대체합니다.

그러나 우리는 용기에 이름표가 '나'이기 때문에 내용을 무시하고 같은 것이라고 착각하고 있습니다.

우리가 평소에 사용하고 있는 '나' 라는 개념은 성가신 물건이다. 나라고 하는 단어, 개념을 사용하지 않으면 커뮤니케이션을 할 수 없으므로 사용해도 나쁜 것은 아니지만, 순간적으로 '나'의 내용이 바뀌어서 다른 것이 되는 사실은 이해해둘 필요가 있다.

2
'같은 나'라는 커다란 오해

*

　'자신'은 바뀝니다. 물론 보는 것, 맛을 보는 것에 따라서도 '자신'은 바뀝니다. 감각이 변해가는 것입니다. 게다가 그 감각은 서로 다릅니다. 항상 쾌와 불쾌입니다. 무수히 서로 다른 감각의 인식을 한 묶음으로 통합해서 '자신', '나'라고 말하고 있는 것입니다.

　상세하게 분석해보면 1초에 1억 정도 '나'가 바뀌고 있다고 할 수 있습니다. 그러나 우리는 무엇 때문인지 태어났을 때부터 '똑같은 나'라고 생각합니다. 이것이 거대한 '무지'입니다. '항상 일관된 똑같은 나'라고 일관적으로 오해하고 착각하고 있습니다.

　만일 '항상 똑같은 자신'이라고 가정해봅니다.

　그렇다면 예를 들어 생전 처음으로 장미꽃을 보고 무엇을 느꼈다고 한다면, 그 뒤에도 장미꽃을 볼 때마다 같은 감각을 느껴야 하지 않을까요? 그것이 과학적이고 논리적인 사고입니다. 그러나 실제로는 그렇지 않습니다. 볼 때마다 느낌이 바뀝니다. 같은 감각은 생기지 않습니다.

　이제까지 먹은 적이 없는 것을 처음으로 먹고 '정말 맛있다. 감동했다!' 라고 할 만큼의 맛이라고 해도 두 번째에는 그 감동이 없을 것입니다. 다른 감각, 다른 자신입니다.

(우리는 태어났을 때부터 '똑같은 나' 라고 생각한다. 이것이 거대한 '무지' 이다. '항상 일관된 똑같은 나' 라고 일관적으로 오해하고 착각하고 있다.

3
'자신'과 '타인'을 구분하는 껍질

※

인간이라는 생명은 무수히 생겼다가 사라져가는 감각을 통합해서 '자신'이라고 생각합니다.

'자신이라는 개체'로 '고정된 무언가'가 있다고 믿고 있지만, 모두가 착각입니다.

그리고 모든 사람이 이런 착각을 하고 있습니다. 생명의 법칙으로, '나라는 확고한 존재가 있다.'라고 하는 착각이 생기는 것입니다.

먼저 '자아'의 착각입니다.

아기 때부터 있는 불분명한 '자신'이라는 감각에서 시작해서 성장함에 따라 '자신이 있다.'라고 생각하는 착각도 나옵니다. 그 순간 자신이 외톨이가 되는 것입니다. 그로부터는 이제 산다는 것은 괴로움, 외길뿐입니다.

'자신'이 있으면 '타인'이 있습니다.

타인 중에는 마음에 드는 타인도 있지만, 마음에 들지 않는 타인도 있습니다. 마음에 드는 타인과는 사이좋게 지내고 싶고, 마음에 들지 않는 타인은 멀리하고 싶습니다.

'자신'이라는 껍질을 만든 시점에서 타인과 구분됩니다. 각각의 사람이 각각의 껍질을 가지고 있으므로 누구나 '자신밖에 모르게' 됩니다. 그러면 타인은 라이벌밖에 되지 않습니다. 타인의 목적과 나의 목적이 다르므로 '서로 사이가 좋아지는 일'은 성립되지 않게 됩니다.

그래서 결국 사람은 자신의 일 외에는 흥미가 없고, 자신이 좋다고 생각하는 목적 외에는 노력하지 않는 삶을 살게 됩니다.

아기 때부터 있는 불분명한 '자신'이라는 감각에서 시작해서 성장함에 따라 '자신이 있다.'라고 생각하는 착각이 나온다. 그 순간 자신이 외톨이가 되는 것이다. 그로부터는 이제 산다는 것은 괴로움, 외길뿐이다.

144

4
'자신'이 화를 만든다

'자신이라는 무언가가 실재한다.'라고 믿게 되면 끊임없이 화가 생깁니다. 왜냐하면, 다음 장에서 상세하게 설명하겠지만, 보는 것이나 듣는 소리, 모든 것을 자신이 관리할 수 없기 때문입니다.

한 가지 예를 들자면, 귀에 들리는 소리는 기분 좋은 소리보다 기분 나쁜 소리, '싫은' 것이 많습니다. 그리고 '기분 좋은' 소리의 경우는 금방 사라져버립니다. 기분 좋은 소리를 들은 순간은 즐겁지만, 금방 즐거움이 사라져서 충격을 받습니다. 물론 기분 나쁜 소리는 들을 때마다 기분이 나쁘므로 화가 납니다. 소리 자체는 사라져도 '싫었다.'라는 화의 여운이 남습니다.

욕의 경우도 '그때 기분이 좋았다.'라고 생각할 때마다 슬퍼지게 됩니다. 두 번 다시 똑같이 될 수 없기 때문입니다.

'자신이라는 무언가가 실재한다.' 라고 믿게 되면 끊임없이 화가 생긴다. 왜냐하면, 보는 것이나 듣는 소리, 모든 것을 자신이 관리할 수 없기 때문이다.

5
자아의 가치

우리는 환각에 지나지 않는 자아에 대해 궁극적인 평가를 하고 있습니다. '궁극적인 가치를 지닌 것은 무엇입니까?' 하고 사람들에게 물으면 '나의 생명이다.' 라고 말할 것입니다.

생명이 위급한 상태가 되면 무엇이든 버릴 것입니다. 보통은 자신의 발은 소중하다고 생각하지만, 막상 다리가 썩어가는 병에 걸리면 아무런 일도 아닌 듯, '선생님, 부탁드립니다. 절단해주십시오.' 하고 부탁할 것입니다.

암에 걸리면 아무런 주저 없이 그 장기를 버립니다. 아무리 돈에 눈이 먼 구두쇠라도 중병에 걸리면 아무리 돈이 많이 드는 치료라도 받으려고 할 것입니다.

그래서 인간은 자아라는 환각으로 '나는 궁극적인 가치' 라고 생각하고 그런 마음으로 살아가고 있습니다.

모든 생명은 '자신이야말로 궁극적인 가치가 있다.' 라
고 생각하고 있다.

6
지키고 싶은 자신의 생명

✳

우리는 항상 진리를 배우고 자신을 관리하지 않으면 안 됩니다. 그렇게 하지 않는 한, 무슨 일이 있으면 제일 먼저 자신을 지키기 위해 타인을 희생합니다.

인간의 피를 빨아먹는 모기도 죽지 않기 위해 여러 가지 수단을 세웁니다. 먼저 앵앵 소리를 내면서 날아다닙니다. 우리는 손이나 발을 움직여서 쫓으려고 합니다. 그러면 모기는 인체의 움직이지 않는 부분이 어딘지 알 수 있게 됩니다. 알게 되면 몰래 그곳에 달려들어 피를 빨아먹습니다. 자신의 생명은 확실히 지키면서 사람의 피를 빨아먹는 지혜입니다.

인간의 문화는 '전쟁문화'라고 해도 과언이 아닙니다. 칼이나 창으로 싸우던 시대도 몸을 지키기 위해 방패를 사용했습니다. 무기를 사용하면서도 자신을 지키기 위한 여러 방법을 고안했습니다. 갑옷을 보면 '저렇게 무거운 것을 입고 달릴 수 있을까? 싸울 수 있을까?' 하고 생각합니다. '그렇게까지 죽고 싶지 않으면 싸우지 말라.' 라고 말하고 싶을 정도입니다.

서양의 갑옷은 철판 그 자체입니다. 박물관에서 보면 '이 사람들은 얼마나 죽고 싶지 않았을까.' 하는 생각이 들 정도입니다. 그런데도 전쟁을 하러 갑니다. 그런 갑옷을 입지 않은 시골 농부는 밭에서 농사를 짓습니다.

문제는 '자아' 이다. 전쟁은 제쳐두고라도 우리는 '자아' 라고 하는 옴짝달싹할 수 없는 갑옷으로 몸을 옥죄고 있다. 자아로 옥죄는 것은 다른 생명에 대해 갑옷을 뒤집어쓰는 것이다. 갑옷을 입은 시점부터 주위는 모두 적이 된다. 그 후의 일은 정해져 있다. '서로 싸우고 죽이는 일' 밖에 남아 있지 않다.

7
모든 싸움의 근원

✳

'자아' 라는 껍질은 환각입니다. 이 환각으로 인해 화가 끊임없이 생깁니다. 상대가, 주위의 모든 사람이, 라이벌이 되어버립니다.

예를 들어 다른 사람의 말에 화가 날 때가 있는데 그것은 '나를 모욕했다.' 라고 하는 기분이 들기 때문입니다. 자세하게 말하면 '내가 듣고 싶은 말이 아니라 내가 듣고 싶지 않은 이야기를 들은 것' 입니다.

그러나 소리는 자연의 것입니다. 나에게 '듣고 싶은 소리, 듣고 싶지 않은 소리' 를 판단할 권리가 있을까요? 비록 내가 '비가 내리지 않았으면.' 해도 비는 그치지 않습니다. 똑같이 상대도 자아로 굳어져 있는 사람이기 때문에, 그 사람이 자신에 대해 무슨 말을 하든지, 듣는 쪽에서 관리하는 것은 무리입니다. 그런데도 '왜 그런 말을 하는 거야.' 혹은 '실례잖아.' 라고 하며 화를 내는 것입니다.

우리의 진심은 '맛있는 것만 먹고 싶다.', '듣고 싶은 소리만 듣고 싶다.', '보고 싶은 것만 보고 싶다.'고 마치 신처럼 생각합니다.

믿을 수 없을 만큼 바보 같은 짓을 하면서 살아가고 있습니다. 그렇게 되는 이유는 '자아라고 하는 환각에 사로잡혀 있기 때문'입니다. 자아로, 환각으로, 자기 이외의 것을 관리하려고 하는 것입니다.

그러나 성서를 읽어보아도, 신의 뜻대로 되지 않는 일이 많이 일어납니다.

인간이라면 대부분 일이 원하는 대로 흘러가지 않는 것은 당연합니다. 그런데도 실제는 '나는 신보다 뛰어나다.', '내 희망대로 되었으면 좋겠다.'라고 생각합니다. 그것이야말로 더없는 무지가 아닐까요?

'나는 이렇게 되었으면 좋겠다. 저렇게 되었으면 좋겠다.', '세계는 이래야만 된다.', '가족이 이렇게 했으면 좋겠다.', '회사가 이렇게 해주었으면 좋겠다.'……. 그런 한없이 무지한 이야기를 태연하게 합니다.

또한, 그런 어리석음을 전혀 깨닫지 못합니다. 논리적으로 생각하면 믿을 수 없을 만큼 바보 같은 말을 하고 있는데, 그것을 전혀 깨닫지 못하는 것입니다.

인간이라면 대부분 일이 원하는 대로 흘러가지 않는 것
은 당연하다. 그런데도 실제는 '나는 신보다 뛰어나
다.', '내 희망대로 되었으면 좋겠다.' 라고 생각한다.

8
관리하려는 화의 세계

*

가령 자신의 목소리가 아주 크다고 합시다. 누군가 '저 사람 목소리가 너무 커서 정말 시끄럽군.'이라고 생각할 것입니다.

그것은 그 사람이 상대의 목소리를 관리하려는 것이 됩니다.

그러나 내 목소리는 본래 크기 때문에 자신의 입장에서 보면 평소처럼 말을 하고 있는 것뿐입니다. 그것을 다른 사람이 관리할 수 있을 리가 없습니다.

만약 자신이 상대의 기분이 나쁜 것을 고려해서 목소리를 조절해서 작게 했다고 합시다. 그러면 이번에는 자신의 기분이 나빠집니다. 결국은 '왜, 나만 조심해야 하지.'라고 생각할 것입니다. 그렇게 해서 서로 '화'가 나게 됩니다.

세상의 소리를 자신이 제멋대로 관리할 수 없고, 보이는 것을 관리할 수도 없습니다. 그러나 인간은 결국, 그렇게 하려고 합니다.

예를 들어 '요리' 문화가 있습니다. 그것도 '자아'가 감독해서 만들어내는 작품인 것입니다. 인간 이외, 아무도 요리를 해서 먹지 않습니다. 토끼는 당근을 그대로 먹지 조리를 해서 줘도 먹지 않습니다. 인간도 당근을 먹지만, 볶거나 썰어서 소스를 뿌리거나 요리를 해서 먹습니다. '당근을 관리하고 싶다.'라는 자아가 다양한 요리를 만들어내는 것입니다.

요리를 하면 맛있게 먹을 수 있을지 모릅니다.

그러나 첫째 몸에 나쁘고, 둘째 시간이 걸리며, 셋째 요리 방법을 배울 때의 스트레스와 같은 결점이 있습니다. 게다가 '당근 본래의 맛을 모르게 된다.'고 하는 단점도 있습니다.

요리에 따라 자신이 좋아하는 맛으로 먹고 있으므로, 비록 평생 당근을 먹어도 당근 본래 맛은 알 수 없습니다.

세상의 소리를 자신이 제멋대로 관리할 수 없고, 보이는 것을 관리할 수도 없다. 그러나 인간은 결국, 그렇게 하려고 한다.

9
세계를 바꾸려는 행동

※

인간은 자아가 있어서 요리문화와 예술 등을 만들었고 여러 가지 건축물을 만들어왔습니다.

건물을 예를 들어 말하면, 외관의 디자인에 신경을 쓰는 것은 물론, 카펫이나 커튼 등의 실내장식에도 시간을 들이는 등 상당히 복잡 미묘한 세계에서 살고 있습니다. 커튼 본래의 기능인 태양광을 차단하는 것이라면 어떤 커튼도 상관없을 것입니다. 하지만 집을 새롭게 단장이라도 하면 커튼을 고를 때 여러 가지 조건을 따집니다. 디자인이 아름답고, 실내장식과도 맞아야 하고, 물론 자외선도 차단해야 하고…… 여러 가지 요구 사항이 생깁니다. 그래서 '역시 전문가에게 맡겨야지.'라고 하고 시간과 돈을 들이게 됩니다.

자신의 자아에 맞춰 세계를 바꾸려고 하는 것은 꽤 괴로운 작업입니다. 당연히 그 과정에서 화가 나게 됩니다. 바꾸려고 하는 상대는 '세계'이기 때문에 절대로 마음대로 되지 않습니다. 생각대로, 의도대로 결과를 얻기 위해서는 큰 고생을 해야합니다.

자신의 자아에 맞춰 세계를 바꾸려고 하는 것은 꽤 괴로운 작업이다. 당연히 그 과정에서 화가 나게 된다.

10
완벽한 작품도 감동은 지속되지 않는다

✻

관리에 성공한 예가 있습니다. 미국 가수 마이클 잭슨입니다. 마이클 잭슨의 무대는 훌륭했습니다. 1초 1초 계산해서 어떻게 아름답고 예술적으로 무대를 연출할지 계획되어 있었고, 정말로 결점이 없는 완벽한 쇼였습니다. 바로 기대했던 그대로였습니다. 무대 연출, 노래, 춤, 손끝 하나하나에도 신경을 쓴 자신에 대한 연출까지, 무엇 하나 쓸모없는 것이 없습니다. 완벽하게 관리되어 있었습니다.

문제는 그 완벽한 작품을 만드는 데 도대체 사람들을 얼마나 모아서 준비하고 연습하고 세세하게 구성해나가지 않으면 안 되는가 하는 점입니다. 조명도 제로 콤마 몇 초의 단위로 계산해서 바꾸어가야 하는 세계입니다. 도대체 몇 번이나 리허설을 한 것일까요?

즉 '자아로, 에고로, 희망대로 하기 위해서는 얼마나 고생을 해야 하는가?' 하는 점입니다. 게다가 희망대로 완벽하게 성공했다고 해도, 그 성공은 아주 짧은 시간일 뿐입니다.

마이클 잭슨의 무대는 완벽하지만, 감동이 지속되는 것은 아닙니다. 그렇게까지 완성된 무대도 다음 무대와 똑같은 연출이거나, 춤을 추지 않고 노래만 부르거나 하면, 비록 마이클의 열성 팬이라도 만족하지 않을 것입니다. 보는 쪽도 자아대로, 기대대로의 무대를 보고 싶다, 듣고 싶다고 생각하기 때문입니다.

('완벽하게 성공해도 아주 찰나의 순간에 사라지고 만다.' 즉 아무리 관리에 성공했다 하더라도 에고의 세계는 한없는 괴로움의 세계일 수밖에 없다.

11
냉정한 자아의 세계

✳

    괴로움의 세계에서는 화밖에 나지 않습니다. 마이클 잭슨처럼 그토록 완성도 높은 톱 아티스트라고 해도 정신적으로 대단히 불안정하고 두려워서 자신을 지키는 것이 어려웠습니다. 누가 무슨 말을 할지 모르고, 재판까지 간 일도 있습니다. 개인의 인생으로 보면 슬픕니다.

    비록 마이클 잭슨이 목숨을 걸고 멋진 무대를 선보여도 보는 사람은 모두 자아·에고로 가득 차 있으므로 심한 말도 아무 거리낌 없이 했습니다. 한번은 자신의 아이를 팬서비스 차원에서 얼굴을 가린 채 보여준 적이 있었습니다. 팬은 기뻐했지만 '도대체 무슨 짓을 하는 거야. 머리가 이상한 거 아니야. 부모로서 자격이 있는 거야.'라고 세상으로부터 모진 비난을 받았습니다.

    세상은 그렇게 훌륭한 아티스트에게도 경의를 표하지 않는 경우가 많았던 것입니다. 어떤 때에는 화가 머리 꼭대기까지 치밀어 오르는 말을 듣거나, 당하기도 했습니다.

그러나 직업상, 화가 나도 겉으로 드러내면 안 되었기 때문에 더욱더 괴로웠을 것입니다. 정신적으로 불안정해져서 불면증에 걸려 약까지 먹어야 했습니다. 왜 그렇게 되었는가 하면 '화를 내면 안 된다.'고 하는 화 때문입니다.

예술가는 일반인처럼 화를 그대로 표현하지 않습니다. 상대의 적의에 대응하려고 합니다. 그러나 그것이 본인에게는 너무 큰 괴로움입니다. 자신에게도 에고가 있기에 화를 표현하지 못하는 것에 화가 치밀어 오릅니다.

마이클 잭슨의 예에 국한되지 않고, 자신이 타인의 자아에 맞춰서 열심히 노력해도 상대가 자아뿐이기 때문에 되돌아오는 반응은 이상합니다. 아주 사소한 일에도 적의를 보이고 아무것도 아닌 일인데도 비난을 합니다. 아무런 선의도 없는 세계에서 우리는 살아가고 있습니다. 그런 환경에서 도대체 화를 내지 않고 살 수 있는 것일까요?

누구나 자신에게도 에고가 있기에 자아·에고로 가득 차 있는 사람들이 심한 말을 아무 거리낌 없이 하면 화를 표현하지 못하는 것에 화가 치밀어 오르는 것이다.

12
현실을 직시한 인생론

※

　자아 · 에고라는 것은 복잡하고 미묘한 것입니다. 자신의 계획대로 일이 풀리면 기분이 좋습니다. 보고 싶은 것만 보고, 듣고 싶은 것만 듣는다면 기분이 좋습니다. 살고 싶은 곳에 살 수 있으면 기분 좋겠지만, 그것을 실현하게 하기까지 우리를 기다리고 있는 것은 너무나 큰 괴로움입니다. 3시간의 무대 연주에는 3년간의 연습이 필요합니다.

　그래서 여러분에게 한 가지 숙제를 내고 싶습니다. '5분간의 즐거움에 우리는 1년 동안 고생하지 않으면 안 된다. 인생이란 그런 것이다.' 라는 인생관을 갖도록 논리적으로 생각하라는 것입니다.

　보통 사람들은 앞에서 말한 인생론을 가지고 있지 않기 때문에, '화' 를 내지 않기 위해 '화' 로 참고 있습니다. 그래서 약물 중독에 빠지기도 합니다.

섹스 심벌로 유명한 마릴린 먼로는 화를 내서는 안 되었습니다. 그러나 세상 사람들은 제멋대로였기 때문에, 부자는 그녀를 자신이 마음껏 사용할 수 있다고 생각해서 인간으로 여기지 않았습니다. 그런데도 프로였기 때문에 참고 견딘 결과, 죽게 되었습니다. 죽음은 누구에게나 평등하지만 죽기까지의 과정에서 약물을 과다로 사용한 것은 그런 이유입니다.

또 한 가지 예를 들어보겠습니다. 한 회사의 사장이 자아가 강한 사람이라면, 사장은 무섭다는 생각으로 말을 잘 들을 것입니다. 그러나 그런 생각을 사장에게 표현하지는 않습니다. 그래서 어떻게 하는가 하면 '무섭다.' 라는 '화' 가 자신의 속에서 불타버립니다. 자기 파괴입니다. 그 화를 극복하기 위해서는 이해가 필요합니다.

속세의 길을 가는 한, 그 길은 끝이 없는 '화' 의 세계입니다. '나' 의 자아가 강하다면 주위 사람의 자아도 저절로 강해집니다. 자아가 강하면 강할수록 상대의 말은 듣지 않게 됩니다. 당연히 상대는 '나' 의 말을 듣지 않습니다. 도저히 말을 듣지 않는다면 폭력이나 권력으로 말하는 것을 듣게 하지 않으면 안 되게 됩니다.

'우리는 자아가 착각임에도 불구하고 그 착각의 자아를 근본 원인으로 해서 자아·착각을 위해 살고 있다. 따라서 결과적으로 삶의 길이 화로 인해 일관적으로 뒤틀려버린다. 그 화를 타인에게 표현하려 하지만 자신을 파괴해버린다.' 라는 진리입니다.

자아라는 착각이 있으면 다음의 결과는 정해져 있습니다. 극한까지 화를 내는 인생이 됩니다.

그래서 우리는 새로운 인생론을 만들 필요가 있습니다. 자아란 환각입니다. 이 환각에 사로잡힌다면 어떻게 할 수 없습니다. 쳇바퀴 속에서 끝없이 돌기만 하는 햄스터처럼, 끝이 없는 '화'의 길을 걸어가야 합니다. 이것을 잘 알아두십시오. 우리는 쳇바퀴의 바깥쪽을 목적지로 삼지 않으면 안 됩니다.

우리는 자아가 착각임에도 불구하고 그 착각의 자아를 근본 원인으로 해서 자아·착각을 위해 살고 있다. 따라서 결과적으로 삶의 길이 화로 인해 일관적으로 뒤틀려버린다. 그 화를 타인에게 표현하려 하지만 자신을 파괴해버린다.

13
자아를 깨뜨리는 새로운 인생론

 새로운 인생론의 필요성을 느꼈다면, 먼저 끝이 없는 피차일반의 세계에서 한발 벗어나십시오. 구체적으로는 '적도(適度) · 적량(適量)을 알고', '여분을 버리는' 삶의 방식을 취합니다. 여분을 잘라낸 만큼 자신의 화는 없어집니다. 물론 변함없이 적도의 부분에서 화는 생깁니다. 그러나 '무량'에서 '적도'가 되면 훨씬 달라질 것입니다. 끊임없이 화를 낼 일이 있는 세계에서, 최소한 화를 내는 사람이 됩니다. 파괴만 있었던 세계가 '적당히' 파괴하는 세계가 되기 때문입니다. 무량에서 적도를 지향하십시오.
 적도를 안다. 여분의 것은 버린다는 것은 어떤 것인지 설명하겠습니다.
 보통 '별장이 3채 있다고 뭐가 나쁜가.'라고 말하지만, '나쁘다.'라고 단언할 수 있습니다. '돈이 많은 것이니 좋지 않나?' 라고 물어도 그것은 '나쁜 것' 입니다.

육체는 하나밖에 없지 않습니까? 육체 하나만큼의 분량이라면 상관없지만, 그 이상은 안 된다는 말입니다. 자신은 어느 정도 필요하고 어느 정도라면 관리할 수 있는가를 문제로 삼는 것입니다. 하루의 식사 횟수는 보통 3회이고, 섭취해야 할 칼로리 양도 정해져 있습니다. 그 범위에서 즐겨야 합니다.

'별장 3채' 는 막대한 돈이 없으면 가질 수 없습니다. 그 돈을 벌기 위해서는 아침부터 밤까지 분주해야 합니다. 회사를 세우거나, 해외 출장을 가거나, 일상이 바쁠 것입니다. 그럼 별장은 언제 가는 걸까요? 바빠서 평생 몇 번밖에 가지 않는 별장은 무엇 때문에 가지고 있는 것일까요?

롤스로이스 자동차를 몇 대나 갖고 있는 사람이 있습니다. 회사의 경우는 별개이지만, 개인으로서는 한 번에 한 대밖에 탈 수 없습니다. 그래서 '몇 대씩 있어도 좋다.' 라는 것은 터무니없는 말입니다.

그러나 실제는 '롤스로이스를 4대 갖는 것이 옳은 길이다.' 라고 사회는 가르치고 우리는 그런 바보 같은 말에 동조합니다.

쓸모가 없는데 롤스로이스를 4대나 가지고 있는 사람이 있으면 '자, 여러분. 롤스로이스를 4대 가지고 있는 사람이 되십시오.' 라고 세속의 가치관이 말합니다. 그런 말을 들은 사람은 현실적으로 불가능하므로 고민합니다. 고민하는 것도 화입니다.

적량 · 적도라는 것은 관리 · 관할 할 수 있는 범위입니다. 지나친 관리도 자기파멸이고 관리하지 못하게 되어도 자기파멸입니다.

인생은 화의 길, 자기파멸의 길입니다. 자아는 자연히 생기는 것이며, 처음부터 오해이기 때문에, '작은 그 자아에는 어느 정도가 좋을까.' 생각하고 판별한 후, 만족하면 인생은 즐거워집니다.

'많으면 많을수록 좋다.' 가 아니라 '어느 정도면 관리할 수 있을까.' 로 생각해야 합니다.

적량 · 적도라는 것은 관리 · 관할 할 수 있는 범위이다. 지나친 관리도 자기파멸이고 관리하지 못하게 되어도 자기파멸이다.

14
자아가 생기는 프로세스

　큰 집에 살고 있는 부자가 거실과 서재, 몇 개나 있는 침실에
각각 1대씩, 게다가 욕실에 1대…… 라는 식으로 TV를 놓아두
고, 모두 합쳐서 14대의 TV를 가지고 있는 정도는 좋을지 모릅
니다. 하지만 사람들 모두가 TV를 14대 가지고 있는 것이 아닙
니다. 한 사람 한 사람이 적량·적도를 판별해야 한다는 것입니
다.

　'적량·적도를 알면 무한의 괴로움은 적도의 괴로움이 된
다.' 라는 말은 아주 논리적인 법칙입니다. 에고로부터 무한의
괴로움이 생기고, 그리고 무한의 괴로움에서 무량의 화가 생깁
니다. 그것은 '지키고 싶다.' 라고 끝없이 생각하는 자아가, 자
신을 파괴해버리는 프로세스가 됩니다. 그렇게 되지 않기 위해
'적도를 안다.' 라는 법칙을 분명히 기억하십시오.

　다음으로 자아는 그 자체가 착각이고, '이런 느낌으로 생긴

다.' 라는 프로세스를 배워보겠습니다.

예를 들어 어딘가 아플 때, '아프다.'고 생각합니다. 손발이나 몸이 아파서 '아, 내가 아프다.' 라고 느끼는, 그때 관찰하는 것입니다. 〈사실은 '내가 아프다.' 가 아니라 처음에는 아픈 장소에 괴로움의 감각이 생기고, 거기에 '나는 아프다.' 라는 식으로 '나' 가 끼어드는 것이다.〉라고 잘 관찰해서 알아보는 것입니다.

허리가 아픈 경우, 그 아픈 장소에 '나' 는 없습니다. 그저 허리 그 부분이 아플 뿐입니다. 사람의 말을 듣고 화가 난 경우도 마찬가지입니다. 정말로 생긴 것은 귀로 소리를 느끼고 있는 곳뿐. 그것을 뇌로 이해하고 '나' 가 화를 내고 있는 것입니다.

그러나 그 화내고 있는 '나' 는 나중에 끼어든 것입니다. '왜 당신은 나에게 그런 말을 하는가.' 라고 자아는 반드시 나중에 끼어듭니다. 뇌가 멋대로 그렇게 인식할 뿐입니다.

다리가 아픈 경우, '다리에 통증이 있다.' 는 사실을 뇌가 해석해서 '나의 발이 아프다.' 라고 하는 것입니다. 그러나 사실은 다릅니다. 바르게 하자면 '다리에 통증이 있다.' 이지만 우리는 그 오해에 대해서는 그다지 신경을 쓰지 않습니다.

정보가 들어오고 감각이 생긴 순간, 그저 단순히 어디에서라고 할 것 없이 '자아', '나' 가 끼어드는 것입니다. 그 '나' 는 현실이 아닌 착각입니다.

감각이 생기면 갑자기 본 것만으로, 들은 것만으로, 맛보는 것만으로, 냄새를 맡은 것만으로, 몸으로 느낀 것만으로, 생각한 것만으로, '나'가 끼어듭니다. 끼어드는 '나'는 망상 개념입니다. 환각입니다.

> 정보가 들어오고 감각이 생긴 순간, 그저 단순히 어디에 서라고 할 것 없이 '자아', '나'가 끼어드는 것이다. 그 '나'는 현실이 아닌 착각이다.

15
희망대로 안 되는 것은 당연한 일

✳

'자아'는 그저 흘러갈 뿐입니다. 청각이 흘러서 사라져가고, 감각이 흘러서 사라져갑니다. 추우면 춥다고 하는 느낌이 흐르다 사라져가고, 더우면 덥다는 느낌이 흐르다 사라져갑니다. 자신은 아무것도 관리할 수 없습니다.

자신이라는 것은 처음부터 없습니다. 차가운 것이 닿으면 차가움을 느낍니다. 따뜻한 것을 만지면 따뜻함을 느낍니다. 정말로 자아가 있다고 한다면 감각을 생각대로 하려고 하면 할 수 있어야 합니다. 그러나 실제는 그렇지 못합니다. 사실은 자아 따위는 없으므로 육체도 관리할 수 없는 것입니다. 무엇 하나 원하는 대로 되지 않습니다.

희망대로 되지 않는 것이야말로 '당연한' 것입니다. '희망'이란 '자아'가 되지도 않는, 있을 수 없는 일을 생각하는 것에 지나지 않습니다. '희망이란 있을 수 없는 것'이라는 사실을 아는 것은 상당히 수준이 높은 지혜입니다.

모든 일은 희망대로 되지 않는, 인과법칙대로 흘러갈 뿐입니다.

'자아'라는 착각 때문에 화와 미움도 나타납니다. 그러나 사실 만물은 그저 변화하고 있을 뿐입니다. 육체에 외부의 물질이나 정보가 들어와서 몸이 계속 변화하는 것으로, 변화하는 프로세스가 있을 뿐입니다. 이것은 명상하지 않는 한 경험할 수 없지만, 사실이 그러하다는 것은 알아두십시오.

자신에게 '자아가 있다.'라는 마음이 있어도 '실제로 자아는 없다.'라는 것이 사실입니다. 이 사실을 알았다면 더 이상 화를 내지 않게 됩니다.

> '희망'이란 '자아'가 되지도 않는, 있을 수 없는 일을 생각하는 것에 지나지 않는다. '희망이란 있을 수 없는 것'이라는 사실을 아는 것은 상당히 수준이 높은 지혜이다

16
타인의 고마움을 알아야 한다

❉

자아의 구조를 이해하면 사물을 보는 방식이 바뀔 것입니다. 모두 사람들은 제멋대로인 건 당연한 일이라고 알고 있습니다. 그리고 불만스럽게 생각하던 주위에 대해서도 '모두 제멋대로인데도, 여러 가지 나를 도와줘서 고맙다.' 라고 생각할 것입니다. 즉 자아가 착각이라고 머리만으로도 이해하면 인간은 화를 낼 필요도 으스댈 필요도 없다는 것을 이해할 수 있게 됩니다.

예를 들어 아내에게도 자아가 있습니다. 제멋대로이고 요리를 하고 싶지 않아도, 남편에게 맞추고 싶지 않아도, 많은 것을 해주고 있을 것입니다. 그것을 안다면 '감사' 한 마음이 생길 것입니다. 남편은 휴일에 늦잠을 자는데, 아내는 어젯밤에 늦게 잤더라도 빨리 일어나서 아침을 준비하고 있다면, 감사해야만 합니다. 자아를 억제하고 가정을 지키기 위해 노력하고 있으므로 감사하는 마음을 말이나 행동으로 표현해야 합니다.

자아가 착각이라고 머리만으로도 이해하면 인간은 화를 낼 필요도 으스댈 필요도 없다는 것을 이해할 수 있게 된다.

17
진정한 도덕의 의미

　우리는 자주 '감사합니다.' 라고 말하지만, 자아의 포인트를 이해하지 않은 채, 그런 말을 들으면 실감이 나지 않습니다.

　그러나 '그런가. 모두 에고이스트구나.' 라고 올바르게 알면 '그래도 그렇게 말해주는 게 고맙다.' 라고 자연스럽게 생각할 것입니다.

　항상 화를 내는 부모에게도 '나한테 신경을 써주고 있다. 사실은 자신의 일만 상관하는 에고이스트인데도.' 라는 식으로 생각하게 됩니다. 그런 이해 자체가 '감사' 입니다.

　자아를 이해하는 것이 자발적인 감사입니다. 형식뿐인 감사는 의미가 없습니다. 우리는 형식적인 감사를 좋아하지만, 자발적으로 감사하는 사람이 한 사람도 없으면 의미가 없을 것입니다.

　또한, 보통 '겸허' 라는 말을 사용합니다.

그러나 사실 '겸허'라는 말은 할 수 없는 것입니다. 겸허의 반대인 '뽐내다.'라는 말은 '자아를 뽐내다.'라는 뜻입니다. 따라서 올바른 겸허가 무엇인가 하면 '자아를 뽐내지 않는 것'입니다. 그러나 모든 사람이 한 명도 빠짐없이 자아를 뽐내는 것이 이 세상 사람입니다.

모두가 자아를 으스대고 있는데 왜 한 명의 사람만 겸허하지 않으면 안 되는 것일까요? 이치에 맞지 않습니다. 그래서 '겸허해지세요.'라는 말 자체가 기분 나쁜 것입니다.

그런 것이 아니라 '자아는 착각이기 때문에 뽐내는 게 아니다.'라는 것입니다. 그것을 분명하게 이해하는 것이 진정한 겸허입니다.

(자아를 이해하는 것이 자발적인 감사이다. 형식뿐인 감사는 의미가 없다. 우리는 형식적인 감사를 좋아하지만, 자발적으로 감사하는 사람이 한 사람도 없으면 의미가 없을 것이다.

18
'용서하다' 는 어불성설

✳

　'용서하다.' 라는 말은 일반적으로 멋있다고 여겨서 사용하지만, 사실은 볼품없는 말입니다. 그것을 이해하기 위해서는 먼저 '용서할 수 없다.' 라는 감정을 이해해야 합니다.

　'용서할 수 없다.' 는 '자신이 옳다.' 고 생각하는 사람들에게 생기는 감정입니다.

　무언가 원활하지 않은 일이 생기면 그것을 인정하고 싶지 않기 마련입니다. 자신의 실패를 인정할 수 없는 경우는 '자신이 용서할 수 없다.' 라는 뜻입니다, 근본적으로 자신이 옳은데, 왜 이런 일이 생긴 걸까 하고 생각합니다. 이것이 '용서할 수 없다.' 라고 하는 감정입니다. '용서하다.' 라는 말은 제일 먼저 '상대가 틀리다.' 라고 생각한다는 뜻입니다. '그런데도 용서한다.' 라고 하는 것이기 때문에 그것은 위선적인 용서입니다. '어때? 난 멋있는 사람이지?' , '당신은 내 돈을 몰래 훔쳤지만, 나는 용서해주겠다. 나는 그런 사람이다.' 라는 것입니다.

세상에서 말하는 단어와 불교가 보는 세계에서는 차이가 있습니다.

'용서하다', '용서하지 않는다.' 라는 말의 이상함을 이해하는 데에는 '무상'을 이해할 필요가 있습니다.

앞에서도 말을 했지만, 모든 것은 무상입니다. 그리고 '무상'이란 '불완전'이라는 의미가 있습니다. 완전하다면 변하지 않을 것입니다. 불완전하다면 무엇이든 변하는 것입니다. 그 상태로는 있을 수 없습니다. 왜 만물은 무상이고 변하는가 하면, 만물은 불완전하기 때문입니다. 불완전함으로 인해 변하지 않으면 안 되는 것입니다.

언덕길에 놓아둔 유리구슬은 굴러내려 갑니다. 높은 곳에 있으면 불안정하고 완전하지 않습니다. 그래서 안정된 곳까지 굴러가서 멈춥니다.

밥도 '무상'해서 소화됩니다. 배가 고프면 또 먹어야 하지만 음식은 절대로 몸에 쌓이지 않습니다. 나가버립니다. 그래서 다시 음식을 먹어야 합니다. 호흡하는 것도 불완전하기 때문입니다.

어떤 생명도 산다는 것이 '불완전'하기 때문에 성립합니다.

마음은 왜 망상 사고로 계속 회전하는가 하면, 무엇 하나도 완전하지 않기 때문입니다. 다음 생각으로, 다음 망상으로 이어집니다. 변화무쌍한 것은 불완전하기 때문입니다. 무언가 일어나도 그것은 불완전합니다.

　무엇이든, 만사는 '불완전'한 것이 진정한 모습인데, 도대체 무엇을 '용서하는 것'일까요? 만일 '모든 생명은 불완전하다.'라는 것을 알고 있다면 '용서하다.', '용서하지 않는다.'라는 말은 하지 않을 것이고, 마음은 치유되어 갈 것입니다.

（ '용서하다.'라는 말은 제일 먼저 '상대가 틀리다.'라고 생각한다는 뜻이다. '그럼에도 용서한다.'라고 하는 것이기 때문에 그것은 위선적인 용서이다.

19
이해가 가져다주는 것

✳

중요한 것은 형식이나 형식적인 도덕이 아니라 '이해'입니다. 이해란 지혜에서 생기는 것입니다. 궁극적으로 '자아는 착각이다.'라는 사실을 반드시 이해하길 바랍니다. 이것은 지극히 필연적이며 어떻게 할 수 없는 진리입니다. 좋은 사람이 되자, 이런 마음은 버리십시오.

자아가 착각이라고 이해해야 비로소 모든 사람이 고생하며 살아가고 있다는 것을 깨달을 수 있습니다. 에고의 착각이 잉태하는 모순으로 모두 괴로워하고 있는 것을 발견합니다. 에고의 착각을 깨닫지 못하고 사고팔고(四苦八苦) 하면서 살아가는 사람에게 조금이라도 싫은 마음이나 화가 생기지 않게 하는 것입니다. 대신 모든 생명에 연민과 사랑의 마음이 생깁니다. 그것이 화의 종언이기도 합니다.

화를 내지 않는 성격이란 진리를 이해함으로써, 지혜로써, 자연히 나타내는 인격이다.

20
지혜로운 평온한 마음

자신은 자아가 없다는 사실을 알게 되면, 자신의 어머니는 그것을 모르고 '가족을 위해' 노력하고 있다는 사실 등을 잘 알 수 있게 됩니다. '가족을 위해'라는 것은 사실은 '나를 위해'입니다. 그렇지만 '나는 정말 고생하고 있습니다.'라는 기분으로 노력합니다. 그때 만일 아들이 '자아는 착각이다.'라는 사실을 알고 있다면, '아, 어머니는 자아 때문에 많이 괴로워하고 있구나.'라고 이해하고, '그렇게 필사적이지 않아도 될 텐데?'라고 친절하게 대할 수 있습니다. '내일 도시락은 어젯밤 먹다 남은 음식도 괜찮아요. 제가 차려서 가져갈 테니, 어머니는 푹 주무세요.'라고 말할 수도 있습니다.

멋있어 보이려고 하는 말이 아닙니다. 그런 진정한 도덕을 이해하길 바랍니다.

우리는 지혜가 나타나면 자아가 착각이며 자신은 무상으로 변화하는 존재라는 사실을 알게 됩니다. 그러면 '뭐야, 아무것도 고민할 필요가 없다.' 라는 이제껏 느낀 적이 없었던 안심감을 느낍니다.

'처음부터 걱정할 필요가 없다.' 라고 생각하고, 괴로움에 대해서도 그다지 신경을 쓰지 않습니다. '괴로움이라는 것은 단지 무상에 대한 자신의 잘못된 반응이었다.' 라는 사실을 알게 됩니다.

그것을 '지혜에서 생기는 한없는 기쁨' 이라고 합니다. 안심할 수 있습니다. 단지 그것뿐, 뇌에서 엔도르핀 같은 물질을 분비해서 속이는 세상의 기쁨과는 다릅니다.

그리고 지혜를 키우는 가장 쉬운 방법은 부처가 가르친 진리를 이해하는 것입니다.

우리는 지혜가 나타나면 자아가 착각이며 자신은 무상으로 변화하는 존재라는 사실을 알게 된다.

4장

행복의 길

용기 있는 삶의 방식

※

부처의 길을 사는 데에는 용기가 필요합니다. 게을러서는 안됩니다. 그러나 생명은 어쩔 수 없는 게으름뱅이입니다.

생명의 근본에 있는 것은 화입니다. 그리고 무엇을 하더라도 화로 끝이 나기 때문에 '견딜 수 없다. 가능하면 그만두고 싶다.'라는 마음을 가지고 있습니다. 이 '가능하면 그만두고 싶다.'라는 마음은 '게으름'입니다.

생명은 기본적으로 '게을러지고 싶어' 합니다. 그러나 그만둘 수는 없습니다.

가능하면 요리를 하고 싶지 않지만, 요리를 해야만 합니다. 빨래나 회사 일도 마찬가지입니다. 우리는 '가능하면 그만두고 싶다.'라고 생각하면서 많은 일을 하고 있습니다. 어느 누구의 생명에도 게으름이 있습니다. '산다는 것은 고'이니 자연법칙으로 게으름이 생기는 것입니다.

사람은 '산다는 것은 고(苦)'인 것을 알지 못하고, 게으름이 '모두에게 있는 병'이라는 것도 알지 못합니다. 그래서 무언가를 하려고 하면 자신을 분발하게 만들지 않으면 안 됩니다. 행동하기 위해서는 흥분과 충동이 필요합니다. 그렇지 않으면 금세 게을러집니다.

　　가능하면 공부를 하고 싶지 않지만 하지 않으면 안 됩니다. 그래서 분발합니다. 여기서 문제가 생깁니다. 분발할 때 자신에게 어떤 암시를 하는가에 의해 문제가 생기는 것입니다.

　　가령 '저 녀석보다 좋은 점수를 따야지.'라고 생각하면 분발해서 공부할 수 있습니다. 라이벌을 만들고 그 사람들을 '경시'하고 '내가 더 낫다.'라고 생각합니다. 그 악감정으로 공부할 마음을 만드는 것입니다.

　　결과는 어떻게 될까요? 이런 방법으로는 결국 잘되지 않습니다. '라이벌을 이기고 싶다.'라는 마음만으로 '공부하고 싶다.'라는 마음은 생기지 않기 때문입니다. 공부는 본업이 아니라 '저 사람들보다 높은 점수를 따고 싶다.'라는 것일 뿐입니다. 그러니 공부가 제대로 될 리 없습니다.

　　양육도 마찬가지입니다. 인간에게는 게으름이 있어서 양육도 분발하지 않으면 할 수 없습니다.

　　그러나 옆집 아줌마를 라이벌로 여기고 분발해도 양육은 실패로 끝납니다.

사람은 '산다는 것은 고'인 것을 알지 못하고, 게으름이 '모두에게 있는 병'이라는 것도 알지 못한다. 그래서 무언가를 하려고 하면 자신을 분발하게 만들지 않으면 안 된다. 행동하기 위해서는 흥분과 충동이 필요하다.

2
하지 말아야 할 것의 구분법

　인간은 언제나 무언가를 할 때 '무엇을 하고 싶지 않다.', '가능하면 그만두고 싶다.' 라고 생각하고 있습니다. 하지만 그만둘 수 없어서 힘을 냅니다. 오히려 스스로를 분발시키는 것입니다. 자기 자신에게 '힘을 내.' 라고 응원하지 않으면 아무것도 할 수 없습니다. 자신을 분발시키는 것은 모든 인간에게 공통으로 필요한 일입니다.

　이 세상에서 자발적으로 '하고 싶어서 견딜 수 없는' 것이라고 하면 게임이나 마약, 음주 정도입니다. 공부나 청소나 일 등은 '하고 싶어서 견딜 수 없는' 카테고리에 들지 않습니다. 하고 싶은 일은 해서는 안 될 일들뿐입니다.

　'해야 할 일' 은 전부 '하고 싶지 않은 일' 입니다. 그것이 생명이라는 존재입니다. '질투' 는 말할 것도 없이 하고 싶은 것입니다.

인간은 그렇게 되어 있습니다. 공부하고, 직업을 찾아서 성실하게 일하기 위해서는 정신적으로 상당한 에너지를 만들지 않으면 안 되는 것입니다.

'해야 할 일' 은 전부 '하고 싶지 않은 일' 이다. 그것이 생명이라는 존재이다.

3
화는 향상심이 아니다

✳

　분발하기 위해서, 힘을 내기 위해서, 노력·정진하는 것은 올바른 방법입니다. 그러나 대부분의 경우, 힘을 내기 위해서 마음에 어떤 자극을 줄 때, '화'나 '욕'으로 동기를 부여합니다. 이것이 문제입니다.

　그중에서도 생명은 화를 내기 쉬워서 특히 '화'로 하려고 합니다. 화는 무척 힘이 셉니다. 때로는 화의 에너지를 목표 달성에 이용하거나, 강한 에너지를 가지고 있는 경쟁심을 이용하려고 하지만, 파괴적인 결과를 초래합니다.

　예를 들어 히틀러는 증오로 자신을 분발시켰습니다. 세계를 정복하고자 국토도 확장하고, 한때는 유럽의 대부분을 지배하였습니다. 그러나 과연 성공했을까요? 히틀러는 완벽한 증오로 정치를 했기 때문에 독일인과 다른 나라 사람들에게 결과적으로 최악의 상황을 초래했습니다.

'이래서는 안 돼. 더 해야지.' 라는 것은 화입니다. 향상심이라고 할 수 없습니다. 화는 '향상되고 싶다.' 가 아니라 '파괴하고 싶다.' 가 됩니다.

또한 '라이벌보다 더 잘하고 싶다.' 라는 마음으로 노력하는 것은 라이벌에게 관리당하는 것이 됩니다. 스스로를 관리하지 못합니다. 그런 의미에서 냉전 시대의 미국은 실은 소련에 관리당하고 있었던 것입니다.

상품개발에서도 화나 경쟁심으로 개발하면 대부분 쓸모없는 상품밖에 만들지 못하고 자연까지 파괴합니다.

친환경 차를 보더라도 지구를 지키기 위한 것임에도 경쟁사를 이기기 위해 만들기 때문에 개발 효율이 너무 나빠지는 것입니다. 만일 이산화탄소가 그렇게 문제라면 왜 모두 모여 협의해서 '지구를 지키자.' 하고 일치단결하지 못하는 것일까요?

예를 들어 연료전지 등이 생겨서 모든 자동차 회사가 그것을 사용하게 되고, 차를 만드는 사람도 단결해서 각자 최고의 기술을 제공한다면 좋은 상품을 만들 수 있지 않을까요? 그렇게 하면 인류는 생존해나갈 수 있을 것입니다. 1~2년 안에 휘발유를 사용하지 않게 될 것입니다.

그렇지만 왜 당장 그렇게 되지 않는가 하면, 돈을 벌 수 없기 때문입니다. 화로, 욕으로 하고 있으니 좀처럼 앞으로 나갈 수 없습니다. 결과는 파괴뿐입니다.

화의 에너지를 목표 달성에 이용하거나, 강한 에너지를 가지고 있는 경쟁심을 이용하려고 하지만, 파괴적인 결과를 초래할 뿐이다.

4
성공하는 삶의 방식

✳

　성공은 요행이라고 했지만, 그 때문인지, 많은 사람은 '재수가 있다.', '재수가 없다.' 라고 생각하는 경향이 있습니다. 일이 잘 풀리지 않으면 '운이 나쁘다.', '재수 없다.' 라고 하며 마음을 진정시키려고 합니다. 반대로 일이 잘 풀리는 경우도, 일이 잘 풀리는 이유를 조사하지 않고 '나는 신이 돌봐주고 있다.' 와 같은 이상한 말을 합니다.

　문제는 '재수 좋다.', '재수 없다.' 라는 억지로 자신이나 타인의 행복과 불행을 납득하려고 하며 마음을 진정시키려고 하는 사고방식에 있습니다. 조금만 생각하면 아무래도 이상하다는 것을 깨달을 것입니다. 왜 신은 어떤 사람은 돌봐주고 은혜를 베풀고, 어떤 사람은 불행의 나락으로 떨어트리는 것일까요? 이성적으로 생각하면 이치에 맞지 않는 일임을 알 수 있습니다.

그런 억지를 부리는 것은 책임을 지고 싶지 않기 때문입니다. 즉 '게을러지고 싶기 때문'입니다.

특별히 어떤 신비함이 있는 것이 아닙니다. 요행으로 얻은 큰 성공은 우연이지만, 적절히 노력하면 기대하는 결과를 얻을 수 있습니다. 이것은 당연한 일입니다.

인간은 하늘을 날 수 없습니다. 만일 운명론으로 치부해버리면 '인간은 하늘을 날 수 없는 운명이다.'로 끝이 납니다. 거기서 멈춰버리면 영원히 하늘을 날 수 없습니다. 그러나 인간은 과학기술을 발전시켜 하늘을 날 수 있게 되었습니다. 이제는 언제라도 편안하게, 식사도 즐기면서 하늘을 날 수 있습니다.

기대하는 결과가 있으면 거기에 이르기까지 모든 것을 분석하고 하나하나 프로세스를 밟아 가면 달성할 수 있습니다. 하기만 하면 됩니다. 그러나 하고 싶지 않은 사람은 그렇게 생각하지 않습니다.

> 성공이나 행운은 특별히 어떤 신비함이 있는 것이 아니다. 요행으로 얻은 큰 성공은 우연이지만, 적절히 노력하면 기대하는 결과를 얻을 수 있다. 이것은 당연한 일이다.

5
문제는 목적의 선악

*

목적은 있는 편이 좋습니다. 목적을 만들어서 정진·노력으로 힘을 내고 분발합니다. 그리고 하나씩 하나씩 착실하게 해나갑니다. 그때 중요한 포인트가 있습니다.

그것은 자신이 세운 목적이 좋은 것인가, 나쁜 것인가 하는 것입니다.

막상 좋다고 생각했던 목적을 달성했지만 '결과적으로 하지 않은 편이 좋았다.' 라고 생각되는 경우도 있습니다.

이상형과 결혼을 했는데 나중에 잘못이었다고 깨닫는 경우도 있습니다.

인간은 한 치 앞도 내다볼 수 없습니다.

일반론으로 '목적을 만들라.' 라고 할 수 있지만, 그 목적으로 행복해지는지 어떤지는 알 수 없습니다.

그래서 목적을 세울 때에는 먼저 목적을 달성했을 때를 이미지 합니다. 그리고 그것은 자신을 위한 것인지, 자신이 행복해지는지를 추측해봅니다.

즉 이익을 추측합니다. 그때 우리는 진정한 '행복'이 무엇인지 알지 못하기 때문에, '도움이 되는지 어떤지'로 판단하는 편이 좋습니다.

비록 괴로운 일이라도 '실현되면 모두에게 도움이 되는 것'이라면 보람을 얻을 수 있습니다. 게다가 논리적으로 생각할 수 있습니다. 그저 무턱대고 '행복해지고 싶다.'라는 마음으로 실행하면 논리적·이성적으로 생각할 수 없으므로 주의가 필요합니다.

주위 사람과의 관계도 이미지 하는 편이 좋습니다. 주위 사람에게 도움이 되는지, 인류에게 도움이 되는지, 거기까지 생각해서 '나쁘지 않다.'라고 생각되면 도덕적인 판단으로 실행하면 됩니다.

실행하는 도중에도 '나', '주위', '인류'에게 도움이 되는가 하는 체크를 합니다. 만일 도중에 결과가 나쁘다는 것을 깨닫는다면 거기서 실행은 멈춥니다. 마지막까지 실행해서 결과가 나왔을 때도 체크를 합니다. 실행해서 좋았는지, 나빴는지. 만일 분명하게 나쁘다는 것을 알게 되면 역시 다음부터는 그만두는 편이 좋습니다.

목적을 세울 때에는 먼저 목적을 달성했을 때를 이미지 한다. 그리고 그것은 자신을 위한 것인지, 자신이 행복 해지는지를 추측해본다. 즉 이익을 추측하는 것이다. 그 때 우리는 진정한 '행복' 이 무엇인지 알지 못하기 때문 에, '도움이 되는지 어떤지' 로 판단하는 편이 좋다.

6
도움이 된다는 실감이 들면 행복

*

목적에 연연해서 '무슨 수를 써도.' 라고 생각하는 것은 좋지 않습니다.

독선으로 아무에게도 도움이 되지 않는다면 정신적으로 힘이 듭니다.

사람에게는 '누군가에게 도움이 된다.' 라는 실감이 필요합니다. 그렇지 않으면 사회에 있어도 그만, 없어도 그만인 존재가 되어버립니다. 그것이야말로 사람에게는 '불행' 입니다.

반대로 작은 일이라도 '나는 꽤 도움이 되는 사람이다.' 라고 생각되면 즐겁게 살아갈 수 있습니다.

사회의 도움이 된다는 것은 거창한 일이 아닙니다. 누군가에게 차를 대접하는 일과 같이 가능한 일이 있으니 그런 일을 잘하면 되는 것입니다. 자신이 해야 할 일을 잘해나간다면 다른 사람의 험담을 하거나 화를 낼 시간은 없을 것입니다.

자원봉사도 화로 하는 사람이 꽤 있습니다. 빈곤에 허덕이는 나라에 가서 '이런 지경까지 아무것도 하지 않다니, 바보 같군.', '노력하지 않으니 이 꼴이잖아.', '나는 희생하고 있다.' 라는 생각으로 봉사를 하는 사람이 있습니다. 자기만족입니다. 자신을 화로 분발시키고 자신의 상황이 편할 때만 봉사활동을 합니다. 그래서는 반드시 나쁜 결과를 초래합니다.

아무리 해도 '수고했습니다.' 라는 말뿐, 도움이 되지 않습니다.

그런 사람들에게는 '모두 행복하게 하고 싶다.' 라는 마음은 없습니다. 그저 자신을 선전하고 싶을 뿐, 자신의 생각대로 하고 싶을 뿐, 그 나라에 사는 사람들의 입장에서 보면, 암세포가 생긴 것과 같습니다.

목적에 연연해서 '무슨 수를 써도.' 라고 생각하는 것은 좋지 않다. 독선으로 아무에게도 도움이 되지 않는다면 정신적으로 힘이 든다.

7

목적을 작은 단위로 분해한다

목적을 달성하고 싶을 때, 무언가를 이해하고 싶을 때는 분석을 해보면 좋습니다. 목적이라면, 세세한 프로세스나 목표로 세분해봅니다. 그렇게 하면 하나하나의 작은 경우가 보일 것이고 하기 쉬울 것입니다.

예를 들어 장사에서 매출을 올리고 싶다면, 한 달에 몇 개 팔면 좋은가를 생각합니다. 천 개 정도 팔면 된다는 것을 알았다면, 그다음에는 하루에 몇 개를 팔면 좋을지를 계산할 수 있습니다. 그처럼 세세하게 숫자로 환산해보면 해야 할 일이 명확해집니다.

또는 대학 합격이 목표인 경우, 어느 정도의 편차치가 필요하고, 그를 위해 얼마나 공부하면 좋은지, 계산해서 계획을 세웁니다. 기억하는 데 필요한 영어단어 수를 수험일까지 하루에 몇 개씩 외우면 될지 계산해서 공부해나가는 것입니다.

목적을 달성하고 싶을 때, 무언가를 이해하고 싶을 때는
분석을 해보면 좋다.

8
기쁨을 느끼면 만사가 잘 풀린다

*

세상에서 가장 의욕이 필요한 일은 마음 수행입니다. 그러나 세상일은 아이를 키우는 일이나 업무나 적당히, 적절한 에너지로 하는 것이 좋습니다.

'회사 일에 목숨을 걸겠다.'는 사고방식은 안 됩니다. 자신의 생명은 퇴직하고 나서도 이어집니다. 아이를 키우는 일도 마찬가지입니다. 목숨을 걸어도 아이는 언젠가 어른이 됩니다. 그때도 아이를 키우는 일에 목숨을 걸고 있다면 부모와 자식, 서로 견딜 수가 없습니다.

또한, 무언가를 하려고 할 때에는 욕이나 화로 해서는 안 됩니다. 필요한 것은 기쁨을 느끼는 것입니다. 기쁨이야말로 '산다는 것은 고(古)'라는 현실을 완화해줍니다. 무언가를 할 때 기쁨과 충실감, 성취감을 느끼는 것이 중요한 포인트입니다. 그것이 성장의 길, 뇌를 개발하는 길입니다.

화로 행하는 것은 모든 것이 괴로움일 뿐입니다. 라이벌에게 이기기 위해 공부하면, 공부하는 기쁨을 얻을 수 없으므로 괴로운 것입니다.

> 무언가를 하려고 할 때에는 욕이나 화로 해서는 안 된다. 필요한 것은 기쁨을 느끼는 것이다. 기쁨이야말로 '산다는 것은 고' 라는 현실을 완화해준다.

9
적절한 에너지로 노력한다

❋

공부하려고 하면 공부로 기쁨을 느끼도록 하십시오. 이해할 수 없으면 기쁨을 느끼지 못할 것입니다. 기쁨을 느끼고자 한다면 누군가에게 물으면 이해의 폭이 넓어집니다.

일에서 기쁨을 느끼고자 한다면 다른 사람이 말하지 않아도 일을 잘하려 노력합니다. 기쁨이 있으면 스트레스도 쌓이지 않고 피곤하지도 않습니다.

성취감을 세세하게 느끼면서 하는 것이 포인트입니다. 목적을 향해서 10년 후에 성취감을 느끼는 것이 아니라 1분마다, '이제까지 한 일'에 성취감을 느끼도록 합니다.

예를 들어 두툼한 텍스트와 같은 책을 읽을 때라도, 도중까지 읽었을 때, '제1장까지 읽었다.', '여기까지 읽었다.' 라고 생각하면 좋습니다.

그 반대로 읽고 있는 도중에 마지막 페이지까지 남은 페이지

수를 보고 '아직 이렇게 많이 남았다.' 라고 생각하면 화가 나서 싫증이 날 것입니다. '여기까지 했다.' 라는 기쁨에 초점을 맞추는 것이 중요합니다.

뇌 과학적으로 생각해도, 뇌가 기쁨을 느끼면 움직입니다. 스트레스를 느끼면 우울해집니다. 기쁨을 느끼면 근육도 유연해집니다. 성취감을 느끼면서 험한 산도 오를 수 있습니다. 등산의 괴로움을 기쁨이 완화시키는 것입니다.

눈앞의 목표를 향해서 노력하는 것은 나쁘지 않습니다.

맛있는 요리를 만든다거나, 노력해야 할 일이 명확하다면 노력할 수 있습니다.

그러나 나중에 어딘지 허무해지는 것은 피할 수 없습니다. 따라서 무언가 기쁨, 성취감을 느낄 수 있는 일을 하는 편이 나쁜 결과를 초래하지 않습니다. 향상심도 충만해집니다.

그리고 각각의 일에 맞는 적당한 에너지를 쓰면 됩니다. 힘을 너무 지나치게 쏟거나 지나치게 노력을 해도 잘되지 않습니다. 오히려 흥분해서 실패합니다.

첫 무대에 서는 사람이 '꼭 성공시켜야지.' 하고 생각해서 너무 연습을 많이 해도 실패할 경우가 있습니다. 과유불급입니다. 적당한 노력으로 자신이 해야 할 부분을 무난히 하면 됩니다.

각각의 일에 맞는 적당한 에너지를 쓰면 된다. 힘을 너무 지나치게 쏟거나 지나치게 노력을 해도 잘되지 않는다. 오히려 흥분해서 실패한다.

10
지혜와 자애로운 삶의 방식

*

　석가는 '지혜의 개발'과 동시에 '일체의 생명을 사랑하라.'라는 두 개의 큰 가르침을 말씀했습니다. 결국, 최종적으로 이 둘은 떼려야 뗄 수 없는 두 개의 축이 되었습니다. '화내지 않는 삶의 방식', '행복의 길'에는 이 두 가지를 빼놓을 수 없습니다. 지혜와 자비가 있는 삶의 방식이야말로 진정으로 행복한 삶의 방식이라고 할 수 있습니다.

　왜 일체의 생명에게 자애를 가져야 하는가 하면, 일체의 생명이 자신과 마찬가지로 진심으로 괴로워하고 있기 때문입니다.

　병자에게 화를 내는 사람은 없습니다. 병자는 괴로워합니다. 우리는 병자가 울거나 소리치거나 해도 '아, 괴롭구나.'라고 생각할 뿐, '시끄러워, 잠자코 있어.'라고 말하지 않습니다.

　일체의 생명은 진심으로 괴로워하고 있어서 자애로 대하는 것은 당연한 일입니다. 그러나 그렇게 하지 않는 것은 에고의 문제, 덧없는 환각의 문제입니다. 인간은 무서운 성격을 지니고 있는 것입니다.

지혜와 자비가 있는 삶의 방식이야말로 진정으로 행복한 삶의 방식이라고 할 수 있다.

나 이외의 '생명의 덕분'으로 살고 있다

✳

살아 있는 것은 '자신 이외의 존재 덕분'입니다. 생명은 혼자 서는 살 수 없게 되어 있습니다.

돌은 먹을 수 없지만, 양배추는 먹을 수 있습니다. 양배추도 절반은 식물로 살아 있는 존재입니다. 그러한 다른 생명의 덕분 으로 우리는 살아가고 있습니다. 공기와 물 이외는 모두 살아 있는 존재입니다. 약도 식물에서 추출하는 약은 부작용이 적습 니다. 화학적으로 합성한 물질은 몸에 위험합니다.

생명이라는 존재는 혼자서 성립하는 것이 아닙니다. 태어나 서 일주일 동안 살아 있다면, 일 주일분은 '그들의 덕분'입니 다. 40년 동안 살아 있다면 얼마나 많은 다른 생명의 덕택일까 요? 다른 생명이 우리를 살 수 있게 해준 것입니다.

'다른 생명의 덕분으로 살고 있다.'라는 점을 잊어버리면 안 됩니다. 밥을 만들어준 사람에게 '너는 바보다. 기분 나빠. 나

가. 죽여 버릴 테야.' 라는 말을 할까요?

　너무나 쉽게 사람을 미워하는 우리는 사실 그런 짓을 하고 있습니다. 무서운 일입니다.

살아 있는 것은 '자신 이외의 존재 덕분' 이다. 생명은 혼자서는 살 수 없게 되어 있다. 다른 생명의 덕분으로 살고 있다.' 라는 점을 잊어버리면 안 된다.

12
자애가 생기면 화가 사라진다

⁂

'자애는 당연하다.'라는 사실을 지혜와 이성으로 이해하면 저절로 자애가 생깁니다. 생기지 않는 경우는 기원하고, 머릿속의 프로그램을 바꿔 갑니다. 대체하는 과정에서 화가 자동으로 사라집니다.

최종적으로는 '자아가 없다.'라는 사실을 직접 경험하게 됩니다.

'자아는 없다.'라는 경험을 하여 깨달음에 이르러도, 어쩌다 기분이 나빠지는 경우도 있고, 아이를 공부시키려 하는데 말을 듣지 않으면 재촉하는 경우도 있습니다. 그러나 그 정도의 화입니다. 전혀 죄가 되지 않습니다.

화가 완전히 사라지는 것이 아니라, 죄가 되지 않는, 문제가 되지 않는, 실패하지 않을 정도의 레벨이 됩니다. 화를 냈다고 해도 전혀 실패가 아닙니다. 상대에게는 아무런 폐도 끼치지 않습니다. 잠깐 대화를 하는 것만으로 끝이 납니다. 화를 내도 심한 말은 하지 않습니다. 다른 사람에게 욕을 할 정도로 감정이 격해지지 않습니다. '그거, 하지 말았으면 좋겠다.', '그런 성격은 좋지 않아요.' 라는 정도입니다.

'자아는 없다.' 라는 경험을 하여 깨달음에 이르러도, 어쩌다 기분이 나빠지는 경우도 있지만, 다만 그 정도의 화일뿐이다. 전혀 죄가 되지 않는다.

13
화를 완전히 극복한다는 것

✳

화의 완전한 극복을 위해 어디까지 가능한지, 꼭 도전정신을 가지고 노력하십시오.

먼저 생명의 시스템을 이해하고, 화를 분명하게 인식하고 있으면 감각의 시스템은 똑같지만, '싫다.' 라고 생각하는 화는 없어집니다.

비가 내리는 것을 예를 들면, 비가 내리고 있을 때 '싫다.' 라고 생각하면 화이지만, '아, 비가 오네.' 라고 생각하면 그것은 화가 아닙니다.

'그래서 뭐?' 라고 생각합니다. 즉 '비는 고' 라고 할 필요가 없어지는 것입니다. 좋은 것 나쁜 것이라는 가치판단은 사라집니다. 그 '아, 비가 오네.' 라고 하는 '납득' 이 정답입니다. '아, 그래. 모든 것은 무상이니까.' 라는 상태가 됩니다. 괴로움이 사라지는 것이 아니라 괴로움은 그다지 신경을 쓰지 않아도 좋다는 상태가 되는 것입니다.

거기까지 이르기 위해서는, 인간은 화를 내기 쉬운 생물이기 때문에, 강제로라도 화의 반대의 마음 '자애'를 옮겨 심지 않으면 잘되지 않습니다.

'도움을 주자.', '싫은 기분으로 살지 말자.', '모두가 행복해지도록.' 하는 마음은 본래 우리에게 없는 성격이기 때문에, 일부러 옮겨 심어야 합니다. 원래 있는 것은 '싫다.' 라고 하는 마음뿐이기 때문입니다.

먼저 생명의 시스템을 이해하고, 화를 분명하게 인식하고 있으면 감각의 시스템은 똑같지만, '싫다.' 라고 생각하는 화는 없어진다.

자애를 인생론으로 삼는다

'인간의 본성으로 돌아간다.' 라고 하는 말을 들은 적이 있는데 그것은 틀린 말입니다.

본성은 '화' 입니다. 본성은 사람의 뒷얘기나 결점을 알고 싶어서 견딜 수 없어 합니다. 그런데 그런 본성으로 돌아가면 파괴와 실패뿐입니다. 그것이 아닌 '나는 자애로 살아간다.' 라는 생각을 인생론으로 삼아야 합니다.

자애가 인생론이 되면 화는 점점 약해져서 드디어는 생기지 않게 됩니다. 본성은 물리치지 않으면 안 되는 것입니다. 본성을 물리치면 훌륭한 사람이 됩니다. 자애로 살아가면 실현할 수 있습니다.

'자애' 를 자신의 모토로 삼으면 불행은 사라집니다.

인생은 즐겁고 행복해질 것입니다.